आइजक न्यूटन

कुछ प्रमुख जीवनियाँ

ईश्वरचंद्र विद्यासागर
नेपोलियन बोनापार्ट
चंद्रशेखर आजाद
लाला हरदयाल
समाज सुधारक
राजा राममोहन राय
आनंदमूर्ति
बेंजामिन फ्रैंकलिन की आत्मकथा
जगदीशचंद्र बसु
लोकमाता अहिल्याबाई
लोकमान्य बाल गंगाधर तिलक
लियोनार्दो द विंची
शिखर भारतीय महिलाएँ
मैडम भीखाजी कामा
प्रथम अंतरिक्ष यात्री यूरी गागरिन
लियो टॉलस्टॉय
आचार्य विनोबा भावे
स्वामी रामदेव
आर्यभट
अन्ना हजारे
नेल्सन मंडेला
महर्षि अरविंद घोष
कस्तूरबा गांधी
कर्नल जिम कॉर्बेट
मौलाना अबुल कलाम आजाद
होमी जहाँगीर भाभा
नेताजी सुभाषचंद्र बोस
भगिनी निवेदिता
भारत कोकिला सरोजिनी नायडू
स्टीफन हॉकिंग
गोपाल कृष्ण गोखले
रवींद्रनाथ टैगोर
स्वामी दयानंद सरस्वती
बिपिनचंद्र पाल
निकोलस कॉपरनिकस

आइजक न्यूटन

प्रीति श्रीवास्तव

प्रभात
पेपरबैक्स
www.prabhatbooks.com

प्रकाशक

प्रभात पेपरबैक्स

प्रभात प्रकाशन प्रा. लि. का उपक्रम

4/19 आसफ अली रोड, नई दिल्ली–110002

फोन : 23289777 • हेल्पलाइन नं. : 7827007777

इ–मेल : prabhatbooks@gmail.com ❖ वेब ठिकाना : www.prabhatbooks.com

संस्करण

2022

मूल्य

दो सौ रुपए

मुद्रक

नरुला प्रिंटर्स, दिल्ली

---★---

ISSAC NEWTON

A biography by Preeti Srivastava

Published by **PRABHAT PAPERBACKS**

An imprint of Prabhat Prakashan Pvt. Ltd.

4/19 Asaf Ali Road, New Delhi-110002

ISBN 978-93-5048-261-2

₹200.00

पूजनीय एवं प्रेरणादायी
माताजी
श्रीमती रमा श्रीवास्तव एवं
पिताजी
श्री पी.एस. श्रीवास्तव
को
समर्पित।

भूमिका

सर आइजक न्यूटन असाधारण और बहुमुखी प्रतिभा के धनी थे। उनका जन्म लिंकोशायर, इंग्लैंड के एक अनपढ़ परिवार में हुआ था। अपनी प्रतिभा के बल पर उन्होंने विज्ञान की अद्भुत ऊँचाइयों को छुआ, हालाँकि वे जीवन भर संघर्षरत रहे। आइजक न्यूटन ने प्रकाश और उसके विविध रंगों का वैज्ञानिक विश्लेषण करते हुए संसार को उन रंगों का ज्ञान दिया; यद्यपि वे स्वयं जीवन के विविध रंगों से अछूते रहे। उन्होंने हमें समुद्र में उत्पन्न ज्वार-भाटे का रहस्य समझाया, जबकि स्वयं समुद्र की लहरों का आनंद कभी नहीं लिया—न तो बचपन में और न ही युवावस्था में।

न्यूटन को बचपन में काफी संघर्ष करना पड़ा था। 'होनहार बिरवान के होत चीकने पात'—यह कहावत न्यूटन के बचपन को चरितार्थ करती है। अपने बाल मित्रों से अलग वे वैज्ञानिक क्रिया-कलापों में लगे रहते और क्रीड़ा करते।

कैंब्रिज में उनका प्रवेश सिज़ार (SIZAR) के रूप में हुआ अर्थात् वे कुलीन छात्रों के नौकर बनकर रहे। बाद में अपनी लगन एवं योग्यता से उन्होंने फेलोशिप प्राप्त की। इसके बाद तत्कालीन समाज में व्याप्त अज्ञानता, कुरीतियों एवं अवैज्ञानिक सोच के विरुद्ध मानो उनकी जंग प्रारंभ हो गई। इसके लिए न्यूटन के पास वैज्ञानिक प्रयोग और वैज्ञानिक

सोच ही दो हथियार रहे। उनके इस वैज्ञानिक व बौद्धिक संघर्ष में उस समय के दिग्गज दार्शनिक उनके प्रतिद्वंद्वी थे।

न्यूटन ने प्रकाश और रंगों के सिद्धांत एवं कैलकुलस के अतिरिक्त गति के नियम (Laws of Motion) तथा सर्वत्र गुरुत्वाकर्षण का नियम (Law of Universal Gravitation) प्रतिपादित करके भौतिक विज्ञान का रूपांतरण ही कर दिया। सत्रहवीं शताब्दी में वैज्ञानिक क्रांति लानेवाले न्यूटन के महान् कार्यों तथा कॉपरनिकस, कैपलर, गैलीलियो, डिस्कार्ट्स एवं अन्य वैज्ञानिकों के कार्यों तथा योगदानों ने एक नया और शक्तिशाली वातावरण बनाया। इसका परिणाम तीन सौ वर्षों के बाद क्लासिकल मेकैनिक्स (Classical Mechanics) के रूप में सामने आया।

एक लैटिन शिलालेख में उन्हें मानवीय अलंकार के रूप में वर्णित करते हुए अद्वितीय मेधा-शक्ति का स्वामी बताया गया है।

न्यूटन के व्यक्तित्व का रूप-आकार साधारण था। वे मध्यम कद के व्यक्ति थे। उम्र बढ़ने के साथ-साथ वे गठिया के असाध्य रोग से पीड़ित हो गए थे। जब वे अपने सैद्धांतिक हलों एवं गणनाओं में व्यस्त होते थे तब उन्हें अपना या अन्य किसी का बिलकुल खयाल नहीं रहता था। कई बार वे घंटों तक अपने पलंग के एक किनारे पर आधे कपड़ों में बैठे अपनी गणनाओं में व्यस्त रहते। कभी-कभी उन्हें ध्यान ही नहीं रहता था कि वे भूखे हैं। वे आजन्म अविवाहित रहे। उन्हें चश्मे की आवश्यकता कभी अनुभव नहीं हुई। अंतिम समय तक उनके सारे दाँत (एक को छोड़कर) सही-सलामत थे। जहाँ तक उनके स्वभाव की बात है—वे अत्यंत द्वेषकारी, महत्त्वाकांक्षी, प्रशंसा-लोलुप तथा तर्क करने पर क्रोधित हो जाते थे। उनके बारे में कहा जाता है कि उनका स्वभाव रहस्यमय और लड़ाकू था। इसका उदाहरण है न्यूटन की अपने जर्मन प्रतिद्वंद्वी लिबनिज के अनुयायियों के साथ लगातार चला तर्क-वितर्क का सिलसिला।

न्यूटन ने अपने जीवन की ज्यादातर ऊर्जा और समय रसायन, अध्यात्म एवं इतिहास पर खर्च किया। सन् 1668 में उन्होंने पहला रिफ्लेक्टिंग टेलीस्कोप (Reflecting Telescope) बनाया। वे जीवन भर 'कैलकुलस' के विकास में लगे रहे। उन्हें सन् 1689 में कैंब्रिज विश्वविद्यालय से एम.पी. भी चुना गया तथा 1696 में इंग्लिश मिंट का वार्डन और 1699 में मिंट का मास्टर नियुक्त किया गया। वे मृत्युपर्यंत इसी पद पर बने रहे। सन् 1701 में उन्होंने पुनः संसद् में अपनी यूनिवर्सिटी की ओर से प्रतिनिधित्व किया तथा 1703 में रॉयल सोसाइटी के अध्यक्ष चुने गए। इस पद पर भी वे मृत्युपर्यंत रहे। सन् 1705 में ब्रिटिश सम्राज्ञी ऐनी ने उन्हें 'सर' की उपाधि प्रदान की।

इंपीरियल कॉलेज, लंदन के एक प्रोफेसर के अनुसार, न्यूटन के पचास वर्षों के कार्यों में बहुत से विषयों पर चिंतन-मनन हुआ है। उन्होंने बेबीलोन की वेश्याओं पर भी लिखा है, यह बहुत आश्चर्यजनक है। ब्रिटेन में उनके समस्त लेखन का संग्रह किया गया, जो करीब एक करोड़ शब्दों का है। उसमें से चालीस लाख शब्द अध्यात्मवाद पर तथा दस लाख शब्द कीमियागरी के प्रयोगों से संबंधित हैं। हालाँकि न्यूटन एक कट्टर ईसाई थे, लेकिन विभिन्न भाषाओं में उपलब्ध बाइबलों तथा चर्च के इतिहास का अध्ययन करके उन्हें लगा कि ईसाइयत भ्रष्ट हो चुकी है। तब उन्होंने कैथोलिक धर्म के विरुद्ध लिखा और कैंब्रिज में रहते हुए धार्मिक, पवित्र आदेश लेने से इनकार कर दिया। अपनी मृत्यु के पूर्व ही उन्होंने मृत्योपरांत किए जानेवाले धार्मिक अनुष्ठानों से भी इनकार कर दिया था, जो शायद पूर्व के धर्म-अध्ययनों से उपजी वास्तविकता का परिणाम था। न्यूटन का विश्वास ईश्वर और उसकी रचना में था। उनके अनुसार, ईश्वर की बनाई प्रकृति का दार्शनिक चिंतन करना ही सच्चा धर्म है। वे स्वयं भी सदैव संसार की रचना के बारे में सोचते रहे।

कुछ विद्वानों के अनुसार विज्ञान एवं दर्शन अलग-अलग क्षेत्र हैं। पर अध्यात्म और दर्शन के बिना विज्ञान पूर्ण नहीं है। एक अच्छा वैज्ञानिक लगातार चिंतन-मनन करता हुआ ही प्रकृति के अनसुलझे रहस्यों को अपने सिद्धांतों द्वारा समझा सकता है। न्यूटन ने भी यही किया। उन्होंने अपनी खोजों की सीमाएँ निर्धारित नहीं कीं।

सन् 1727 में मूत्राशय की पथरी के कारण उनकी कष्टप्रद मृत्यु हुई। अपने पीछे वे ज्ञान का अपार भंडार छोड़ गए। प्रस्तुत पुस्तक में विभिन्न स्रोतों से प्राप्त इस महान् वैज्ञानिक की जीवन-गाथा को संपूर्णत: समेटने का प्रयास किया गया है, तथापि मानवीय त्रुटि से इनकार नहीं किया जा सकता। इसे सुबोध और ग्राह्य बनाने के लिए उनके विज्ञान के क्लिष्ट एवं जटिल समीकरणों तथा व्याख्याओं को इस पुस्तक में सम्मिलित नहीं किया गया है।

सन् 1998 से लंदन के इंपीरियल कॉलेज में न्यूटन संबंधी एक परियोजना पर काम चल रहा है। उसमें फ्रांस तथा अमेरिका के अनुसंधानकर्ता भी शामिल हैं। इस परियोजना के तहत न्यूटन के कार्य, लेखन तथा उनकी तसवीरें इंटरनेट पर उपलब्ध होंगी। इस परियोजना के पूर्ण होने पर न्यूटन के व्यक्तित्व और खोजों की जानकारी के साथ उनकी मूल प्रतिलिपियाँ एवं पांडुलिपियाँ भी अध्ययन के लिए मिल सकेंगी, जो उनके निजी पुस्तकालय में थीं।

लेखन के दौरान समय-समय पर मिले प्रेरणादायी मार्गदर्शन के लिए आदरणीया माँ (प्रिंसिपल, भोपाल) तथा बहन डॉ. प्रज्ञा श्रीवास्तव (व्याख्याता, शा. महाविद्यालय, कानपुर) की आभारी हूँ। इसके अतिरिक्त घर पर अनुकूल वातावरण उपलब्ध कराने में मेरे पति श्री प्रमोद श्रीवास्तव तथा दोनों बच्चों—प्रियांशी एवं प्रतिनव—से भरपूर सहयोग मिला।

आशा है, विज्ञान में रुचि रखनेवाले पाठकों के लिए न्यूटन की यह जीवन-गाथा प्रेरक एवं उपयोगी सिद्ध होगी। न्यूटन जैसे महान् वैज्ञानिक को जनमानस तक आम जन की भाषा में पहुँचाने का यह एक लघु प्रयास मात्र है।

—**डॉ. प्रीति श्रीवास्तव**

अनुक्रम

पृष्ठभूमि

सर आइजक न्यूटन ने अपनी मृत्यु से पूर्व कहा था, 'मैं नहीं जानता कि इस संसार में मेरा क्या स्थान है; परंतु स्वयं की दृष्टि में मैं सागर-तट पर खेलता हुआ वह बालक हूँ, जिसके सामने सत्य का अथाह समुद्र है, जो अभी तक बिन खोजा पड़ा है और मैं सामान्य से अच्छे सीप व पत्थर ढूँढ़ने के लिए विचलित होकर यहाँ-वहाँ दौड़ रहा हूँ।'

यद्यपि न्यूटन ने समुद्री ज्वार-भाटे पर सूर्य और चंद्रमा के प्रभाव का विश्लेषण तो किया, परंतु अपने जीवन में—बचपन से लेकर बुढ़ापे तक—कभी भी समुद्र-तट पर लहरों का आनंद नहीं उठाया।

न्यूटन ने अंधकार और अस्पष्टता से भरे संसार में जन्म लिया, सादगीपूर्ण और कष्टकर जीवन बिताया। रिश्तों के रंगों से अछूती उनकी दुनिया में माता-पिता, भाई-बहन, मित्र, पत्नी—कोई भी उन्हें प्यार करनेवाला नहीं था। न्यूटन आजीवन अविवाहित रहे। उनके जीवन में किसी महिला का पदार्पण भी नहीं हुआ। यह बात उनके शल्य चिकित्सकों एवं डॉक्टरों ने भी कही, जो अंतिम समय में न्यूटन के साथ थे। अकेलापन उनके व्यक्तित्व की विशेषता रहा। न्यूटन से पहले अन्य किसी ने भी मानवीय ज्ञान की इतनी अच्छी खोज नहीं की थी, फिर भी उन्होंने अपना अधिकांश कार्य अप्रकाशित एवं गोपनीय रखा। उन्होंने

गुरुत्वाकर्षण की खोज की, प्राचीनकाल से अनुत्तरित प्रकाश और गति की पहेलियों को सुलझाया। पृथ्वी का ब्रह्मांड में क्या स्थान है तथा ब्रह्मांड में घूम रहे आकाशीय पिंड क्या हैं और कहाँ से आए हैं, इसके बारे में भी खुलासा किया। उनके द्वारा प्रतिपादित सिद्धांत 'न्यूटन के नियम' के नाम से जाने जाते हैं।

एक राष्ट्र-पुरुष बनने के बाद भी वे अन्य दार्शनिकों से सर्वथा भिन्न थे। उन्हें सर आइजक, मास्टर ऑफ द मिंट, रॉयल सोसाइटी के सदस्य आदि अनेक उपाधियों से सम्मानित किया गया।

न्यूटन इस धरती पर मात्र 150 मील का सफर तय कर सके, जो लिंकोशायर के एक छोटे से ग्रामीण अंचल से प्रारंभ होकर कैंब्रिज के यूनिवर्सिटी टाउन और वहाँ से लंदन पर समाप्त होता है। न्यूटन के पिता रोग के कारण न्यूटन के जन्म से तीन माह पूर्व ही चल बसे। पिता की मृत्यु के बाद जनमे बालक को पॉस्थ्यूमस कहा जाता है।

आइजक न्यूटन चौरासी वर्ष की आयु तक जीवित रहे। एक वैज्ञानिक के रूप में प्रतिष्ठित हो जाने के बाद उनका जीवन काफी समृद्ध रहा। गुरदे में पथरी के कारण न्यूटन गंभीर रूप से बीमार पड़े, जिससे उनकी मृत्यु हो गई। इंग्लैंड में पहली बार, विज्ञान के इस प्रकाशपुंज के विलीन होने पर राजकीय सम्मान प्रदान किया गया। न्यूटन का पार्थिव शरीर वेस्टमिंस्टर के गिरजाघर में आठ दिनों के लिए दर्शनार्थ रखा गया और फिर उसी गिरजाघर के प्रांगण में उन्हें दफना दिया गया। उनकी कब्र पर सफेद और स्लेटी रंग के संगमरमर से बनी उनकी प्रतिमा स्थापित है। साथ ही आकाशीय ग्लोब पर सन् 1680 के धूमकेतु का पथ दरशाया गया है तथा एंजेलिक लड़के सूर्य एवं ग्रहों को तौलते तथा प्रिज्म से खेलते हुए दरशाए गए हैं।

फ्रांस के प्रसिद्ध लेखक वॉल्टेयर न्यूटन के अंतिम संस्कार में शामिल होने के लिए इंग्लैंड पहुँचे थे। वहाँ उन्हें यह देखकर हर्षमिश्रित

आश्चर्य हुआ कि इतने वर्षों बाद ही सही, सबकुछ न्यूटन के रंग में रँगा हुआ था। वॉल्टेयर ने लिखा है कि फ्रांसीसियों और अंग्रेजों की वैज्ञानिक सोच में अंतर है। उन्होंने न्यूटन को माननेवालों की सोच परिष्कृत बताई। वे अपने देश के पूर्व दार्शनिक रेने डिस्कार्ट्स से न्यूटन की तुलना करते हुए लिखते हैं कि 'कार्टेसिएंस (Cartesians) के लिए प्रकृति में हो रही गतियों का कारण एक अनजान स्पंदन है, जबकि न्यूटन के अनुसार यह सर्वत्र गुरुत्वाकर्षण के कारण होता है।'

अब कई मूलभूत विचार कॉफी हाउसों में चर्चा का विषय बन रहे थे, जैसे—पेरिस (फ्रांस) में धरती तरबूज के आकार की मानी जाती थी और लंदन में धरती को दोनों किनारों पर दबा हुआ माना जाता था। एक कार्टेसियन (डिस्कार्ट्स को माननेवाले) के लिए प्रकाश चारों ओर वायु में भी विद्यमान है, जबकि एक न्यूटेनियन (न्यूटन को माननेवाले) के लिए प्रकाश सूर्य से हम तक साढ़े छह मिनट में पहुँचता है। चौरासी वर्षों के लंबे जीवन में न्यूटन को कोई विशेष चाह या लगाव नहीं रहा और कोई भी चीज या भावना उनकी कमजोरी नहीं बन सकी।

न्यूटन का नाम ही तत्कालीन दुनिया की व्यवस्था की ओर संकेत करता है; ऐसी दुनिया, जहाँ न्यूटन के लिए कोई परिपूर्णता नहीं थी, न्यूटन के सामने थी कौतूहल, अचरज से भरी, निरंतर गतिशील, बहुरूप और अनंत दुनिया, जिसके सारे रहस्य वे खोज लेना चाहते थे। न्यूटन ने समय और पदार्थ (matter) को कभी भी ईश्वर से भिन्न नहीं समझा। तत्कालीन समाज में यद्यपि सूचना का प्रवाह धीरे-धीरे हो रहा था, परंतु न्यूटन ने ऐसी भाषा और तकनीक का विकास किया, जो उनके समय में तो अग्रणी थी ही, आनेवाले दशकों में भी विकास के चरम की ओर अग्रसर होती गई।

एक जमाने में अंतरिक्ष और ग्रह केवल अंधविश्वासों के प्रतीक हुआ करते थे। धूमकेतु को देखकर लोग अनिष्ट की कल्पना करने

लगते थे। न्यूटन ने विज्ञान के माध्यम से लोगों की सोच परिवर्तित कर दी। उन्होंने मानव के लिए एक ऐसा दरवाजा खोला, जो उसे नई दुनिया में ले जाता है; जहाँ ग्रह, उपग्रह, समय, गति सबको मापा जा सकता है; जहाँ गणित है और प्राकृतिक नियमों से शासित विज्ञान है, जो हमारे सुखद वर्तमान के लिए जिम्मेदार हैं।

न्यूटन ने ज्यामिति और गणित को एक साथ जोड़ दिया। बाद के वर्षों में ऐसा समझा जा रहा था कि आइंस्टीन का सापेक्षता का सिद्धांत, न्यूटन के विज्ञान पर हावी हो जाएगा; परंतु ऐसा कुछ नहीं हुआ बल्कि न्यूटन का ज्ञान और अधिक विस्तृत होता गया।

आइंस्टीन ने कहा, 'सर आइजक न्यूटन के लिए प्रकृति एक खुली किताब थी। वे मानो आज भी हमारे सामने खड़े हैं—दृढ़, निश्चिंत एवं एकाकी।'

□

बचपन

आइजक न्यूटन का जन्म सन् 1642 में क्रिसमस के दिन लिंकोशायर के एक छोटे से गाँव वुल्सथॉर्प में हुआ। वुल्सथॉर्प विथम नदी के पास की पहाड़ी की एक तलहटी में स्थित था। वहाँ स्थित एक विशाल फार्म हाउस न्यूटन के दादाजी के पास पिछले बीस वर्षों से था। उसके पिछले हिस्से में सेब के पेड़ थे और चारों ओर फैली कई एकड़ हरी-भरी भूमि पर भेड़ें चरा करती थीं। इसी फार्म ह उस में बने एक दुमंजिले मकान के छोटे से कमरे में न्यूटन का जन्म हुआ था। नवजात शिशु समय से पूर्व जनमा बालक था, जिसका वजन सामान्य से कम था और आकार भी छोटा था।

न्यूटन अपने पूर्वजों में पितामह (दादा) रॉबर्ट के अलावा किसी को नहीं जानता था। उसके दादा फार्म हाउस से पूर्व दिशा में एक मील की दूरी पर चर्चयार्ड में दफनाए गए थे। न्यूटन की माँ हन्नाह एइस्कॉफ एक प्रतिष्ठित कबीले से संबंधित थीं। न्यूटन के मामा विलियम एइस्कॉफ कैंब्रिज यूनिवर्सिटी में पढ़े थे तथा वहाँ से दो मील दूर एक गाँव में वरिष्ठ पादरी के रूप में नियुक्त थे। जब आइजक मात्र तीन वर्ष के थे, उनकी माँ ने बरनॉब्स स्मिथ नामक एक धनवान् और अपने से दोगुनी उम्र के व्यक्ति के विवाह का प्रस्ताव स्वीकार कर लिया। विवाह के इस समझौते में नन्हा आइजक शामिल नहीं था, अतः उसे वुल्सथॉर्प में

उसकी मानी की देखरेख में छोड़कर उसकी माँ अपने दूसरे पति के साथ चली गई।

न्यूटन के जन्म के समय लिंकोशायर शहर लगभग 4 लाख की आबादीवाला एक बड़ा शहर बन चुका था। अन्य कोई भी शहर उसके दसवें हिस्से के बराबर भी नहीं था। इंग्लैंड उस समय तक भी गाँवों और खेतों का देश था। इंग्लैंड का मौसम भी ईसाई कैलेंडर के अनुसार ही बदलता था। खेती का काम-धंधा भी मौसम के अनुसार ही चलता था; इसमें भेड़-पालन, चारा उगाना, फसल काटना आदि शामिल थे। लगातार कई वर्षों तक अच्छी फसल नहीं होने से वहाँ चारों ओर अकाल और भुखमरी फैल गई थी; फलस्वरूप जनसंख्या का एक बड़ा हिस्सा घुमक्कड़ मजदूरों और खानाबदोश के रूप में तबदील हो गया था। इसके साथ ही कारीगरों तथा व्यापारियों का एक ऐसा वर्ग उभरकर सामने आ रहा था, जो ज्ञान का यथार्थ और तकनीकी दृष्टिकोण विकसित कर रहा था। इस वर्ग में व्यापारी, दुकानदार, औषधि निर्माता, बढ़ई, कारीगर इत्यादि शामिल थे। उन्होंने अंकों का प्रयोग किया और कुछ यंत्र भी बनाए। वहाँ उत्पादन आधारित अर्थव्यवस्था अब आकार ग्रहण करने लगी थी।

जब आइजक ने स्कूल जाना प्रारंभ किया तब वह एक फिसड्डी छात्र समझा जाता था। गाँव के स्कूल में ही उसने पढ़ना सीखा, 'बाइबल' का अध्ययन किया और गिनती-पहाड़ा आदि सीखे। वह नितांत अकेला और अनाथ बालक था और उस समय हो रही मानसिक परेशानियों के लिहाज से अपनी उम्र से बहुत छोटा भी। मानसिक अंतर्द्वंद्व के चलते नन्हा आइजक कभी-कभी सोचता कि काश, उसके सौतेले पिता की मृत्यु हो जाए और उसकी माँ की भी। प्रतिशोध में एक बार उसने अपने माता-पिता को जान से मारने की धमकी दे डाली और साथ ही घर जलाने की भी। कभी-कभी उसे स्वयं का जीवन भी व्यर्थ लगता और

अपनी जीवनलीला समाप्त करने का मन होता।

पर मानो ये सब स्वप्न की बातें हों। एक अँधेरी और काली रात के बाद नई सुबह का उजाला चारों ओर फैल जाता। धूप खिले दिनों में जब सूरज की रोशनी दीवार पर रेंगती और विभिन्न आकृतियाँ बनाती तो यह नन्हा बालक उत्सुक होकर इस धूप-छाँव और आकृतियों के खेल में शामिल हो जाता।

न्यूटन अपने प्रारंभिक स्कूली दिनों में मंदबुद्धि छात्र समझा जाता था; परंतु धीरे-धीरे वह अपनी कक्षा में अव्वल आने लगा। आकाशीय पिंडों में उसकी गहरी दिलचस्पी थी। सूरज की किरणें न्यूटन की खिड़की से गुजरकर सामने की दीवार पर विभिन्न ज्यामितीय आकृतियाँ बनाती थीं, जिससे बालक न्यूटन के मन में कौतूहल जागा। अन्य लोगों के समान न्यूटन भी आकाशीय पिंडों में सूर्य से सबसे अधिक परिचित था। सूर्य का चक्र ही समय की गणना का द्योतक था। आइजक ने नाखून से खुरचकर दीवार पर ज्यामितीय रचनाएँ तथा वृत्त बनाए, जिनमें वृत्तखंड और चाप अंकित थे। लकड़ी के छोटे-छोटे गुटके दीवारों और धरती पर ठोंक दिए, ताकि न्यूनतम पंद्रह मिनट (घंटे का चौथाई भाग) का समय मापा जा सके। उसने पत्थर पर काटकर सूर्य डायल बनाए तथा सूर्यघड़ी की कील द्वारा बनाई गई परछाइयों को सूचीबद्ध किया। समय को स्पेस द्वारा तथा अवधि को चाप की लंबाई से दरशाने का प्रयत्न किया। छोटी-छोटी दूरियों को छोटे धागों से नापा तथा फिर घंटे के एक मिनट और इंचों में संबंध स्थापित किए; परंतु मौसम के बदलते ही आइजक को यह व्यवस्था बदलनी पड़ती थी। एक वर्ष में आकाश में—स्थिर तारों के सापेक्ष—सूर्य की स्थिति थोड़ी स्थानांतरित होती थी तथा थोड़ा सा घूमा हुआ आठ बनाती थी। इस सूक्ष्म परिवर्तन को केवल सूक्ष्म दृष्टि ही देख सकती थी। न्यूटन ने यह पैटर्न काफी समय पूर्व ही भाँप लिया था, जबकि इसके लिए उत्तरदायी दो विचित्रताओं—धरती

का अंडाकार कक्ष (elliptical orbit) और धरती का अपने अक्ष पर झुका होना—को बाद में खोजा गया।

वुल्सथॉर्प में लोग समय देखने के लिए न्यूटन की सूर्यघड़ियों का सहारा लेते थे। न्यूटन के मन में अनेक विचार उठते थे—जब तारे आसमान की काली चादर में छुप जाते हैं और पीला, मुरझाया, सुस्त-सा चंद्रमा भी छुपने लगता है तब सूर्य दिन भर चलता है। ये आकाशीय पिंड, जो मौसम का निर्धारण करते हैं, दिन और रात को प्रकाशमान बनाते हैं, ऐसा प्रतीत होता है मानो ये अदृश्य डोर से बँधे हैं।

सूर्यघड़ियों ने लोगों को प्रायोगिक ज्ञान दिया, जो समय के साथ-साथ और अधिक परिष्कृत होती गईं। अपरिष्कृत सूर्यघड़ियों में घंटों का असमान वितरण था और ये मौसम के अनुसार बदलती थीं; लेकिन समय के साथ-साथ उनके बेहतर रूप सामने आए, जिनमें समय की सटीक गणना संभव थी।

सन् 1653 में जब आइजक दस वर्ष के थे तब माँ हन्नाह के दूसरे पति स्मिथ की मृत्यु हो गई और वह अपने तीन बच्चों के साथ वुल्सथॉर्प वापस लौट आईं। उन्होंने न्यूटन को गाँव के स्कूल से निकालकर आठ मील दूर ग्रांथम में शिक्षा के लिए भेजा। उस समय ग्रांथम एक छोटा कस्बा था, जिसमें कुछ सौ परिवार रहते थे। वहाँ दो सराय, एक चर्च, एक सहकारी समिति, एक औषधालय तथा मक्का आदि पीसने के लिए दो चक्कियाँ लगी थीं। रोजाना आठ मील पैदल चलकर जाना एक बालक के लिए कठिनाई भरा था, अतः आइजक वहीं हाई स्ट्रीट के औषधालय में औषधविद् विलियम क्लार्क के साथ रहने लगा। वह अटारी पर सोता था। बोर्ड्स पर खुदे हुए उसके नाम, दीवारों पर चारकोल से बनाई गई चिड़िया, आदमियों और जहाजों की तसवीरें, वृत्त और त्रिभुजों की आकृतियाँ आइजक की उपस्थिति को दरशाती थीं।

ग्रांथम के किंग्स स्कूल में कड़ा अनुशासन था। वहाँ के स्कूल

मास्टर हेनरी स्ट्रोक्स ने आठ छात्रों को लैटिन, ग्रीक, हिब्रू तथा आध्यात्मिक विषय पढ़ाए। उस समय अंग्रेजी स्कूलों में इतना ही काफी होता था; परंतु स्ट्रोक्स ने अपने भावी क़िसानों के लिए कुछ प्रायोगिक अंकगणित भी पाठ्यक्रम में जोड़ा, जो अधिकतर खेतों, भूमि तथा आकारों के माप-तौल से संबंधित था। स्ट्रोक्स एक अच्छे अध्यापक थे। उन्होंने अलगोरिथ्म्स भी पढ़ाया, ताकि सर्वे करने में, खेतों को शृंखलाबद्ध तरीके से चिह्नित करने में, एकड़ का हिसाब लगाने में आसानी हो सके। एक किसान को जितना ज्ञान होना चाहिए, स्ट्रोक्स ने अपने छात्रों को उससे कहीं अधिक सिखाया, जैसे—एक वृत्त के अंदर बहुभुजों (polygons) को अंकित करना एवं प्रत्येक भुजा की लंबाई आकलित करना आदि।

आइजक ने दीवारों पर खुरचकर आर्कमिडीज के चित्र बनाए थे। केवल बारह वर्ष की आयु में उसने काफी ज्ञान प्राप्त कर लिया था। परंतु वह एकाकी, जिज्ञासु तथा प्रतिद्वंद्वी प्रकृति का था। चर्चयार्ड में वह कई बार अपने हमउम्र लड़कों के साथ झगड़ पड़ता था, जिसमें उसकी नाक खून से लथपथ हो जाती थी। बारह वर्ष का आइजक, जिसे बचपन से ही लाड़-दुलार तथा माता-पिता का संरक्षण नहीं मिला था, उसने अपनी लैटिन की अभ्यास-पुस्तिका को अनेक उदाहरणों से भर रखा था, जिसमें उसके अंतर्द्वंद्व का बहाव छलकता है—

"मैं एक छोटा सा बेचारा इनसान। मेरी सहायता करनेवाला कोई नहीं है, स्वर्ग में सबसे ऊपर या नरक के तल में—कहीं भी नहीं। उसने (ईश्वर ने) मेरे लिए क्या उपयुक्त स्थान/रोजगार ढूँढ़ रखा है।" वह निराश होकर लिखता है—"मैं स्वयं को समाप्त कर लूँगा। मैं रोने के अतिरिक्त कुछ नहीं कर सकता। मैं नहीं जानता कि मैं क्या करूँ?"

सोलहवीं शताब्दी के अंत तक डैप्टफोर्ड नदी के किनारे इंग्लैंड की सबसे पहली कागज मिल स्थापित हुई। कागज महँगा था और

दैनिक जीवन में लिखे हुए शब्द अपनी महत्त्वपूर्ण भूमिका निभाते थे।

पहली बार कॉपरनिकस ने अपना मत दिया था कि पृथ्वी घूमती है। इसे अधिकांश लोगों ने माना, क्योंकि यदि पृथ्वी ब्रह्मांड के केंद्र में स्थिर खड़ी है (जैसा कि अन्य लोगों का मत था) और अन्य आकाशीय पिंड इसका चक्कर लगा रहे हैं तब तो ब्रह्मांड को अप्रत्याशित तेजी से घूमना चाहिए। उस समय लोग खोजी शीशे (spy glasses) के द्वारा तारों को देखते थे। बर्टन ने स्वयं आठ फीट लंबे एक सूक्ष्मदर्शी से बृहस्पति ग्रह को देखा और वे भी गैलीलियो की इस बात से सहमत हो गए कि इसके भी स्वयं के चंद्रमा होते हैं। उस समय इन सब प्रेक्षणों को व्यक्त करनेवाली उचित भाषा का अभाव था; फिर भी इन गतिविधियों से लोगों की सोच विकसित हो गई थी—"यदि हम चंद्रमा एवं तारों को देख सकते हैं, हमारी दृष्टि वहाँ पहुँच सकती है तो हम क्यों नहीं? यदि धरती भी घूमती है तो यह भी एक ग्रह है! जिस प्रकार हमें चंद्रमा चमकता दिखाई देता है, उसी प्रकार अन्य ग्रहों से हमारी पृथ्वी भी चमकती हुई नजर आती होगी।"

इसी प्रकार हम अनंत ब्रह्मांड, अनेक पृथ्वियों, अनेक ग्रहों एवं सौरमंडलों की कल्पना कर सकते हैं और इसी क्रम में ब्रह्मांड में अनेक ऐसे ग्रह हो सकते हैं जहाँ जीवन है, लोग हैं।

बर्टन ने कहा कि मनुष्य अनेक पीढ़ियों से आकाश को निहारता आ रहा है। अब वह समय आ गया है कि ईश्वर अपने छुपे रहस्य उजागर करेगा। अब मनुष्य प्रकृति की पहेलियाँ सुलझाना चाहता है। वास्तव में यह एक तूफानी दौर था जब ज्ञान-विज्ञान की नई-नई क्रांतिकारी विचारधाराएँ जन्म ले रही थीं, परंतु नई-नई पुस्तकें लिंकोशायर के ग्रामीण इलाकों में नहीं पहुँच पाती थीं। आइजक के सौतेले पिता स्मिथ के पास अपनी कुछ निजी पुस्तकें थीं, जो ईसाई धर्म से संबंधित थीं। औषधविद् विलियम क्लार्क के पास भी कुछ निजी पुस्तकें थीं।

स्मिथ (आइजक के सौतेले पिता) ने पिछले चालीस वर्षों से एक बड़ी पुस्तक में अनेक खाली कागज सँभालकर रखे थे और उनपर बड़ी मेहनत से नंबर लिखे थे। स्मिथ की मृत्यु के बाद वे ढेरों कागज न्यूटन के अधिकार में आ गए (उस समय कागज महँगा और सीमित मात्रा में उपलब्ध था)। इसके पूर्व आइजक ने माँ से मिले पैसों से ग्रांथम में ढाई पेंस कीमत की एक नोटबुक खरीदी थी, जिसमें बढ़िया वेलम (चमड़े से बनी बढ़िया जिल्द) के अंदर कागज सिले गए थे। कई महीनों की मेहनत से आइजक ने उस नोटबुक को लिखकर भर दिया, जिसके अंक और अक्षर एक इंच के 1/16वें भाग के बराबर थे। आइजक उस नोटबुक में कागज के ऊपर-नीचे दोनों ओर से लिखना प्रारंभ करके मध्य में समाप्त करते थे। उन्होंने प्रमुख रूप से जॉन बेट्स द्वारा लिखित एक पुस्तक 'कला और प्रकृति के रहस्य' को नकल किया था। वह पुस्तक रहस्य और जादू के बारे में थी तथा लंदन से प्रकाशित हुई थी।

आइजक ने उसमें चित्रकारी करने के निर्देश, विभिन्न रंगों के पाउडर, स्याही बनाने के नुस्खे आदि लिखे। उन्होंने अन्य तकनीकों को भी कॉपी किया था; यथा—धातु पिघलाना, चकमक पत्थर पर नक्काशी करना, चॉक के मोती बनाना और चिड़ियाँ पकड़ना (जहाँ चिड़ियाँ आती हैं वहाँ काली वाइन रखना)।

औषधविद् एवं रसायनशास्त्री विलियम क्लार्क के साथ रहते हुए आइजक ने खरल (ओखली और मूसल, जिसमें आयुर्वेदिक औषधियाँ पीसी जाती हैं) का प्रयोग करते हुए पीसना सीखा, साथ ही औषधि बनाने के लिए पदार्थों को भूनना, मिश्रण बनाना एवं उबालना भी सीखा। उन्होंने धूप में सुखाने के लिए रसायनों की रंग-पट्टिका भी बनाई और आरोग्य औषधियों के फॉर्मूले तथा उनकी चेतावनी भी लिखी थी।

बैट ने अपनी पुस्तक में वाटरवर्क्स तथा फायरवर्क्स (Fireworks) के विभिन्न रूपों का वर्णन किया है। न्यूटन किस प्रकार अपने चाकू से

घंटों तक लकड़ी काटकर घरेलू पनचक्की और पवनचक्की बनाते थे—यह भी वर्णित है। ग्रांथम कस्बे में एक नई मिल (चक्की) बन रही थी। आइजक उसकी प्रगति बराबर देखा करते; फिर उन्होंने उसका एक मॉडल भी बनाया। उन्होंने अपनी अटारी पर एक पनचक्की भी बनाई, जो चार फीट ऊँची थी। उसके चित्रित डायल पर एक घंटे की सुई थी। उन्होंने कागज की लालटेनें बनाई थीं, जिन्हें वह अँधेरी रात में पतंगों में बाँधकर आसमान में उड़ाते तथा पड़ोसियों को डराते थे।

न्यूटन ने सूर्यघड़ी से संबंधित ज्योतिषशास्त्र की सारणियों से छोटे-छोटे अनेक पृष्ठ भर रखे थे। इनसे वह गणनाएँ करते रहते थे, बाद में इसपर आधारित अगले अट्ठाईस वर्षों के लिए एक कैलेंडर बनाया। अपनी नोटबुक के लगभग बयालीस पेजों में उन्होंने 2,400 शब्द संगृहीत किए थे, जो प्रत्येक शीर्षक के नीचे कॉलमों में व्यवस्थित थे।

किसी व्यक्ति के दुःखद समय में, अथवा विपरीत परिस्थितियों से जूझने में उसका परिवार मानसिक संबल प्रदान करता है, परंतु आइजक के संदर्भ में यह सत्य नहीं था। उन्हें परिवार के रूप में कुछ भी प्राप्त नहीं था। परिवार का स्मरण उनके दुःखी मन के लिए कभी मरहम का कार्य नहीं कर सका। ग्रांथम में औषधविद् क्लार्क के साथ रहते हुए और उनसे बहुत कुछ सीखते हुए न्यूटन ने रसायन विद्या में काफी ज्ञान अर्जित कर लिया था, जो जीवनपर्यंत बना रहा।

सन् 1659 में जब न्यूटन सोलह वर्ष के थे, उनकी माँ ने उन्हें वापस वुल्सथॉर्प बुला लिया; क्योंकि वे चाहती थीं कि वह अपने पूर्वजों की जमीन-जायदाद और खेती-बाड़ी आदि की देखरेख करे।

□

नई दुनिया में प्रवेश

आइजक न्यूटन नहीं जानते थे कि वह अपने जीवन में क्या करना चाहते हैं या उन्हें क्या करना चाहिए; परंतु इतना अवश्य जानते थे कि भेड़ चराने अथवा खेत जोतने का काम उन्हें नहीं करना है। वे अपना अधिकांश समय जड़ी-बूटियाँ खोजने तथा पुस्तकों के अध्ययन में व्यतीत करते थे। उनकी भेड़ें जिस समय खेतों में जौ की फसल बरबाद कर रही होतीं उस समय वे नदी की धारा में जल-पहिए बनाने में व्यस्त रहते। आइजक बड़ी उत्सुकता से लकड़ी पर, चट्टानों पर पानी के बहाव, उसमें बननेवाली भँवर, तरंगों, पानी के उछाल आदि को देखते रहते; इससे उन्हें द्रव की गति के बारे में जानकारी मिली।

आइजक को एक बार अदालत द्वारा जुरमाना भरने का आदेश मिला, क्योंकि उनके किसी जानवर द्वारा बाड़ तोड़ दी गई थी तथा उन्होंने उस बाड़ की मरम्मत भी नहीं कराई थी। ऐसी अनेक घटनाएँ हुईं, जिन्होंने यह साबित कर दिया कि आइजक खेती का प्रबंधन नहीं सँभाल पाएँगे।

आइजक के मामा रेक्टर विलियम एइस्कॉफ ने अपनी बहन (आइजक की माँ) को सलाह दी कि आइजक को कैंब्रिज यूनिवर्सिटी में भेजने की तैयारी करानी चाहिए। अतः आइजक को पुनः दो वर्षों के लिए ग्रांथम के स्कूल में भेज दिया गया। इस बार उनके स्कूल अध्यापक

स्ट्रोक्स ने आइजक को अलग से पढ़ाया और हर प्रकार से उसकी पढ़ाई में सहायता की, ताकि उसे कैंब्रिज में प्रवेश मिल जाए। विलियम एइस्कॉफ ने कैंब्रिज विश्वविद्यालय के सोलह कॉलेजों में सर्वश्रेष्ठ 'कॉलेज ऑफ होली ऐंड अनडिवाइडेड ट्रिनिटी' को आइजक के लिए चुना था। समय आने पर आइजक को वहाँ भेज दिया गया। तीन दिन और दो रातों की यात्रा करके आइजक वहाँ पहुँचा और 5 जून, 1661 को उसे कैंब्रिज विश्वविद्यालय में प्रवेश मिल गया। अब उसकी अपनी दुनिया यही थी।

आइजक को 'सिजर' के रूप में प्रवेश मिला था। कैंब्रिज में छात्रों को तीन वर्गों में रखा जाता था। प्रथम और सर्वोच्च वर्ग में आनेवाले छात्र 'नोबेलमैन' कहलाते थे, जो अच्छे गाउंस पहनते थे तथा ऊँची मेजों पर खाना खाते थे। उन्हें कम परीक्षाएँ देने से ही डिग्री मिल जाती थी। दूसरे वर्ग में 'पेंशनर्स' आते थे, जो ट्यूशन फीस देते थे तथा तीसरे वर्ग में 'सिजर्स' आते थे, जो अन्य छात्रों की सेवा/काम करते थे, जैसे—उनके कमरे साफ करना, उन्हें खाना खिलाना और अंत में स्वयं खाना। हालाँकि इस समय तक आइजक की माँ समृद्ध हो चुकी थीं, पर अपने बेटे को उन्होंने कम पैसे देना ही मंजूर किया। आइजक के पास अपनी तात्कालिक आवश्यकताएँ पूरी करने के पर्याप्त साधन थे—एक चैंबर पॉट, चमड़े के कवरवाली 140 पेजों की एक नोटबुक, स्याही की एक चौथाई बोतल, लंबी व अँधेरी रातें काटने के लिए मोमबत्तियाँ तथा अपनी डेस्क के लिए एक ताला। ग्रीक के एक स्कॉलर को उनका प्रशिक्षक नियुक्त किया गया। अधिकतर जीवनी-लेखकों ने न्यूटन के सिजर होने की बात कही है, परंतु वेस्टफाल के अनुसार, ट्रिनिटी के एक फेलो हंफरी बेबिंग्टन कैंब्रिज में आइजक के संरक्षक थे। इससे ऐसा लगता है कि आइजक सिजर के रूप में नहीं, बल्कि उससे अच्छे वर्ग के छात्र के रूप में कैंब्रिज में रहे। इस बात से आइजक की माँ भी इस दोष से मुक्त

हो जाती हैं कि वे अपने बेटे के प्रति सौतेला बरताव करती थीं, खर्च के लिए उन्हें पैसे नहीं देना चाहती थीं। खैर, जो भी हो, आइजक को वहाँ रहकर पढ़ने में आनंद और गर्व का अनुभव हो रहा था। कैंब्रिज में न्यूटन का उद्देश्य स्नातक की उपाधि हासिल करना था।

कैंब्रिज की पढ़ाई अरस्तू की दार्शनिकता से प्रभावित थी, परंतु फिर भी पाठ्यक्रम के तीसरे वर्ष में अध्ययन की स्वतंत्रता थी। न्यूटन ने डिस्कार्ट्स, हॉब्स और बॉयल का दर्शनशास्त्र पढ़ा। गैलीलियो की कॉपरनिकन ऐस्ट्रोनॉमी के मेकैनिक्स ने उन्हें आकर्षित किया। उन्होंने कैपलर की 'ऑप्टिक्स' भी पढ़ी। सन् 1664 में न्यूटन के विचार किस प्रकार बन रहे थे, इसका वर्णन उनकी एक पुस्तक 'कुछ दर्शनशास्त्रीय प्रश्न' में मिलता है।

उन्होंने अपने टेक्स्ट का शीर्षक लैटिन भाषा में एक वक्तव्य द्वारा दिया है, जिसका अर्थ है—

'प्लेटो मेरा मित्र है, अरस्तू मेरा मित्र है; परंतु मेरा सबसे अच्छा मित्र है—सत्य।' यह दरशाता है कि वे प्रारंभिक जीवन से ही एक स्वतंत्र विचारक थे।

न्यूटन अपने समय के उच्च गणित से किस प्रकार परिचित हुए होंगे, यह तो नहीं कहा जा सकता; परंतु 'डी मोरे' के अनुसार, सन् 1663 में उन्होंने गणित में रुचि लेना प्रारंभ किया। कैंब्रिज के एक मेले में उन्होंने ज्योतिषशास्त्र की एक पुस्तक खरीदी, पर उसका गणित उनकी समझ में नहीं आता था। त्रिकोणमिति की एक पुस्तक पढ़ने के दौरान उन्होंने पाया कि उन्हें ज्यामिति का ज्ञान बिलकुल नहीं है। तब उन्होंने बैरो की पुस्तक 'यूक्लिड के अवयव' पढ़ने का निश्चय किया। उसके बाद तो मानो न्यूटन के पास गणित की पुस्तकों का अंबार लग गया। उन्होंने तत्कालीन प्रकाशित गणित तथा बड़े विद्वानों की पुस्तकें भी पढ़ीं। न्यूटन ने 'बैलिस' को पढ़कर नोट्स बनाए और साथ ही

गणित की प्रमेयों को अपने साक्ष्यों के साथ सिद्ध करते हुए लिखा—'...इस प्रकार बैलिस ने हल किया है, परंतु इसे दूसरे प्रकार से भी हल किया जा सकता है।...' ऐसा माना जा सकता है कि बैरो का कैंब्रिज में आगमन न्यूटन की प्रतिभा की उन्नति में सहायक हुआ। बैरो सन् 1663 में ट्रिनिटी कॉलेज के फेलो चुने गए थे। कुछ वर्षों के उपरांत बैरो ने अपने विद्यार्थियों में से गणित के प्रतिभाशाली छात्रों की पहचान कर ली थी, जिनमें न्यूटन भी एक थे।

28 अप्रैल, 1664 को न्यूटन स्कॉलर चुने गए और अप्रैल 1665 में उन्हें स्नातक की डिग्री मिली। सन् 1665 की गरमियों में प्लेग की महामारी ने यूनिवर्सिटी को अपनी चपेट में ले लिया, फलत: यूनिवर्सिटी बंद हो गई। न्यूटन को वापस वुल्सथॉर्प लौटना पड़ा।

सन् 1665 से 1667 तक प्लेग के कारण यूनिवर्सिटी बंद रही। इन दो वर्षों में जब न्यूटन अपने घर पर थे तब उन्होंने गणित, ऑप्टिक्स, भौतिकी तथा खगोल-विज्ञान में क्रांतिकारी खोजें और प्रयोग करने आरंभ कर दिए थे। पच्चीस वर्ष से कम आयु में ही उन्होंने डिफरेंशियल तथा इंटिग्रल कैलकुलस (Differential and Integral Calculus) की नींव डाल दी थी; जबकि लिबनिज (Leibniz) ने उन्हें वर्षों बाद खोजा था। उन्होंने बाद के वर्षों में यह लिखा था कि सबसे पहले गुरुत्वाकर्षण (gravity) को वे इन्हीं दो वर्षों में समझे थे, पर उन्होंने किसी से उसका जिक्र नहीं किया। वे हमेशा अपनी खोज प्रकाशित कराने से हिचकते थे और जब तक वह लोगों के सामने आता, उसका श्रेय कोई और ले जाता था; जबकि न्यूटन ने वह खोज काफी पहले ही कर ली होती थी।

□

प्रकाश और रंगों के खेल

न्यूटन स्वयं के अंदर और बाहर की दुनिया में प्रकाश की झलक देख रहे थे। वे प्रकाश को जानना चाहते थे, पर इस असमंजस में थे कि प्रकाश बाहर विद्यमान है अथवा देखनेवाले की आत्मा में अथवा उसकी दृष्टि में। उन्होंने महसूस किया कि कल्पनाएँ कई बार वास्तविकता बन जाती हैं। फैंटेसी मददगार साबित होती है, परंतु अति सर्वत्र वर्जयेत् यानी चरम तक केवल कल्पनाओं में खोए रहना बुद्धिमानी नहीं है। न्यूटन जितना इस प्रकृति के अनसुलझे रहस्यों को देखते थे उतनी ही उनकी व्याकुलता उन्हें दार्शनिकता की ओर ले जाती थी। डिस्कार्ट्स ने सुझाया कि हमारा मस्तिष्क, जो केवल विचारों से बना है, उसमें निश्चय ही कोई संपर्क-बिंदु, जैसे 'विनियल ग्रंथि', है जो शरीर को आत्मा से जोड़ती है। ट्रिनिटी कॉलेज के स्नातक एवं तत्कालीन संसद् सदस्य कवि एंड्र्यू मारवेल ने शरीर और आत्मा को एक-दूसरे में समाहित बताया—'तंत्रिकाओं, धमनियों एवं शिराओं की शृंखला में हमारी आत्मा लटकी हुई है।'

अरस्तू के लिए 'ऑप्टिक्स' प्रकाश के विज्ञान से पहले दृष्टि का विज्ञान था। न्यूटन ने अपनी 'प्रश्नमाला' में ज्ञानेंद्रियों को समझने में होनेवाली कठिनाइयों का चिंतन किया है।

प्रयोगों में रुचि रखनेवाले वैज्ञानिक न्यूटन ने इस दुविधा के चलते

प्रकाश को लेकर स्वयं पर ही प्रयोग आरंभ कर दिए। उन्होंने एक जूड़ा पिन लेकर उसे अपनी आँख की पुतली में डाला और उसे ऊपर से तब तक दबाए रखा जब तक कि उन्हें अनेक सफेद, काले और रंगीन चक्र नहीं दिखने लगे। जब उन्होंने दबाव हटाकर अपनी दोनों आँखें तथा जूड़ा पिन को स्थिर रखा तब वे चक्र क्रमशः धुँधले होते चले गए। न्यूटन यह सोचने पर मजबूर हो गए कि क्या प्रकाश वास्तव में केवल दबाव का परिणाम है?

इसी तरह के प्रयोगों के चलते न्यूटन ने अपनी आँखों के साथ एक और खिलवाड़ किया। उन्होंने दर्पण पर पड़नेवाली सूर्य की किरणों का परावर्तन अपनी नंगी आँखों से तब तक देखा जब तक उनकी आँखें सहन कर सकती थीं। इसके तुरंत बाद वे अँधेरी दीवार को देखते तो उन्हें रंगों के चक्र दिखाई देते, जो धीरे-धीरे धुँधले होते हुए लुप्त हो जाते। वह वास्तविकता थी अथवा भ्रम? न्यूटन ने कल्पना की कि क्या इस प्रकार उत्पन्न रंग वास्तव में सफेद प्रकाश से उत्पन्न हो सकते हैं? बस, यहीं पर वह नींव पड़ी थी, जिसने बाद में प्रिज्म द्वारा प्रकाश के परावर्तन से रंगों को जन्म दिया।

सूर्य को लगातार देखते रहने के बाद से न्यूटन को हलके रंगवाली वस्तुएँ लाल तथा गहरे रंगवाली नीली दिखाई देने लगी थीं। न्यूटन ने एक और आश्चर्यजनक बात महसूस की थी कि बिना सूर्य को देखे केवल सोचने मात्र से वे इस प्रकार के प्रभाव उत्पन्न कर सकते थे। न्यूटन ने सूर्य के साथ अपने ये प्रयोग तब तक दोहराए जब तक उन्हें अपनी आँखों के स्थायी रूप से क्षतिग्रस्त होने का डर पैदा नहीं हो गया। तब उन्होंने स्वयं को एक अँधेरे कमरे में तीन दिनों तक बंद रखा। उसके बाद ही उनकी दृष्टि पुनः स्पष्ट और सामान्य हो सकी थी। रहस्यों की खोज में स्वयं के ही शरीर से खिलवाड़ कर प्रयोग करनेवाले वे विरले वैज्ञानिक थे।

लंदन से प्राप्त पुस्तक 'माइक्रोग्राफिया' में 'प्रयोग', 'प्रेक्षण' और 'विज्ञान' शब्दों का उल्लेख था और इन्हीं तीन शब्दों ने न्यूटन को प्रभावित किया था।

रॉबर्ट हुक न्यूटन से सात वर्ष सीनियर थे। उन्होंने सूक्ष्मदर्शी का उतनी ही कुशलता से उपयोग किया था जिस प्रकार गैलीलियो ने टेलीस्कोप का। इन उपकरणों के उपयोग से समाज आश्चर्यचकित हो गया। उन्होंने लोगों के लिए सूक्ष्मतम से विशालतम तक का असीमित संसार खोल दिया। गैलीलियो की तरह ही हुक ने भी बड़ी मेहनत से आश्चर्यजनक नए-नए स्थानों की डिजाइनें तैयार कीं और अपने उपकरण यानी टेलीस्कोप को धनी व कुलीन लोगों की उत्सुकता के लिए लोकप्रिय बनाया। हालाँकि यह बात और है कि लंदन की उस दुकान से, जहाँ हुक कभी-कभार काम किया करते थे, उपकरण खरीदने पर उन धनी लोगों को धुँधले धब्बों के अतिरिक्त कुछ नजर नहीं आया। इस समय तक हुक न्यूटन की प्रेरणा थे; हालाँकि न्यूटन ने कभी, कहीं इस बात को नहीं स्वीकारा। न्यूटन हुक को स्वयं पर एक अंकुश और संतापकारी मानते थे, शायद यह हुक और न्यूटन के मध्य बाद में उपजे विवादों का ही परिणाम हो।

वास्तव में हुक एक अच्छे वैज्ञानिक थे। वे 'क्यूरेटर ऑफ एक्सपेरिमेंट्स' नामक संस्था के जन्मदाता थे। इस संस्था का कार्य नए प्रयोगों, प्रायोगिक दर्शनशास्त्र की विचारधारा तथा वैज्ञानिक कार्यों को लोगों तक पहुँचाना था। आश्चर्यजनक और नई-नई खोजें, जैसे—शरीर में रक्त संचार, टेलीस्कोप के लिए काँच को घिसना, भारी वस्तुओं का नीचे गिरना और अन्य अनेक प्रयोग भी इस संस्था की गतिविधियों में शामिल थे। इस संस्था को राजा का संरक्षण प्राप्त था। इसमें प्रत्येक सदस्य को एक शिलिंग देना होता था। सदस्य एक स्थान पर बैठकर विचार-विमर्श किया करते थे। हुक ने हवा भरनेवाले पंप से भी तरह-

तरह के प्रयोग करके लोगों को दिखाए। एक अन्य प्रयोग में उन्होंने (हुक ने) जीवित कुत्ते का धड़कता हुआ हृदय दिखाने के लिए उसका गला और पेट काट डाला तथा उसके फेफड़ों को फुलाने के लिए धौंकनी (चूल्हा फूँकनेवाली) का इस्तेमाल किया। लेकिन इसके बाद उन्हें बड़ा पश्चात्ताप हुआ और उस प्राणी को कष्ट पहुँचाने के लिए स्वयं को अपराधी महसूस किया। हुक ने बैरोमीटर, थर्मामीटर, विंडगॉजेस का आविष्कार किया तथा उसकी मदद से लंदन के मौसम का रिकॉर्ड भी रखा।

'माइक्रोग्राफिया' पुस्तक में हुक ने नए उपकरणों की सहायता से दिखनेवाली दुनिया का वर्णन किया है। वे कहते हैं—'माइक्रोस्कोप की सहायता से कुछ भी सूक्ष्म नहीं रह जाता, जिसे हम जान न पाएँ।'

उस समय प्रकाश को लेकर अनेक वैज्ञानिक अपनी-अपनी धारणाएँ प्रस्तुत कर रहे थे। डिस्कार्ट्स ने प्रिज्म या पानी की बूँद से होकर जानेवाले प्रकाश को सतरंगा इंद्रधनुष बनाते हुए देखा था।

अरस्तू का मानना था कि काले और सफेद रंगों के सम्मिश्रण से ही अन्य सभी रंग बने हैं। अरस्तू के अनुयायियों का मानना था कि रंग प्रत्येक वस्तु का अपना मौलिक़ गुण होता है, जो प्रकाश के द्वारा हमारी आँखों तक पहुँचता है।

डिस्कार्ट्स ने अनुमान लगाया कि जब प्रकाश काँच या पानी द्वारा अपवर्तित होता है तब प्रकाश की गति में परिवर्तन के कारण प्रकाश के ग्लोब्यूल्स रंगों को उत्पन्न करते हैं। हुक ने इसका विरोध करते हुए प्रिज्म द्वारा प्रकाश का अपवर्तन करके रंग उत्पन्न करके दिखाए। उनका मानना था कि प्रकाश गति से उत्पन्न होता है, क्योंकि सभी जलती हुई वस्तुएँ, जैसे—कागज, लकड़ी, मछली, स्पार्क आदि गतिमान होती हैं। उनके अनुसार दो ही मूलभूत रंग थे—लाल और नीला।

न्यूटन के पास कोई माइक्रोस्कोप नहीं था और न ही उन्हें प्राप्त

हो सकता था। हाँ, उनके पास प्रिज्म अवश्य था और एक कमरा, जिसमें एक खिड़की थी। न्यूटन ने अपने अध्ययन-कक्ष में अँधेरा करके खिड़की के दरवाजे में छोटा सा छेद किया, ताकि सूर्य की पतली सी किरण, केवल ऐसा शुद्ध सफेद प्रकाश, ही अंदर आ सके, जिसमें कोई रंग नहीं दिखता हो। न्यूटन ने उस पतली सी किरण को प्रिज़्म में से गुजारा तथा अनेक प्रेक्षण लिखे, पर हमेशा की तरह वह सब किसी को नहीं बताया। शायद न्यूटन ने प्रकाश का सिद्धांत उसी समय ढूँढ़ लिया था, पर उसे बहुत बाद में प्रकाशित कराया। उस सिद्धांत से आज भी सारी दुनिया रोशन है।

□

सफलता की राह

अप्रैल 1667 में प्लेग की समाप्ति पर कैंब्रिज विश्वविद्यालय पुनः खुला, तब न्यूटन ने फेलोशिप के लिए आवेदन किया। अक्तूबर में ट्रिनिटी कॉलेज की माइनर फेलोशिप के लिए न्यूटन का चयन हुआ। अब उन्हें पहले से कहीं अच्छा आवास मिल गया था। उन्हें प्रतिवर्ष 2 पौंड, एक कमरा, अकादमिक कम्यूनिटी की स्थायी सदस्यता तथा पुस्तकालय के प्रयोग की स्वतंत्रता थी। प्रत्येक नए फेलो ने यह शपथ ली कि 'मैं अपनी संपूर्ण आत्मा से क्राइस्ट का धर्म अपनाऊँगा…। मैं अध्यात्म को अपने अध्ययन का उद्‌देश्य रखूँगा, समय-समय पर मिलनेवाले पवित्र आदेशों का पालन करूँगा, अन्यथा कॉलेज से त्याग-पत्र दे दूँगा।' उन्हें ब्रह्मचर्य का पालन करते हुए अविवाहित रहना था।

न्यूटन ने बैचलर ऑफ आर्ट्स के दीक्षांत समारोह में जाने के लिए नए जूते और गाउन का कपड़ा खरीदा। उन्हें हर माह मिलनेवाली छात्रवृत्ति के अतिरिक्त कुछ रुपए अपनी माँ से मिल जाते थे और कभी-कभार अपने छात्रों से ट्यूशन पढ़ाने की फीस मिल जाती थी। न्यूटन ने रसायन विद्या की पुरानी पुस्तकों का एक सेट, टिन की एक भट्ठी और कुछ रसायन, जैसे—एक्वा फोर्टिस, सब्लिमेंट, विनेगर (सिरका), सफेद सीसा, टार्टर, नमक आदि खरीदा। इन सबसे न्यूटन

ने दोबारा अपने प्रयोगों को आरंभ किया और हमेशा की तरह गोपनीय रखा।

इसके साथ-साथ उन्होंने अपने गणितीय प्रयोग भी जारी रखे, जिनके संबंध में वे बैरो से विचार-विमर्श किया करते थे। उन्होंने क्यूबिक इक्वेशंस, त्रिआयामी गोलों की सूची तैयार की, जो द्विआयामी अंडाकृतियों तथा हाइपरबोला (hyperbola) से बहुत भिन्न और कठिन थी। उन्होंने विभिन्न वक्रों का वर्गीकरण कर उन्हें प्रजाति तथा उपप्रजाति में वर्गीकृत कर दिया था।

जुलाई 1668 में न्यूटन को मेजर फेलोशिप प्रदान की गई, जिसके आधार पर उन्हें टेबल पर खाना खाने की अनुमति मिल गई।

लंदन में निकोलस मरकेटर, जो गणित के ट्यूटर तथा रॉयल सोसाइटी के सदस्य थे, ने एक पुस्तक 'लॉगेरिथ्मोटेक्निका' लिखी थी। बैरो ने वह पुस्तक न्यूटन को दिखाई, जिसमें अनंत श्रेणियों द्वारा लॉगेरिथ्म्स की गणना की विधियाँ दी गई थीं। उसे देखकर न्यूटन हैरान रह गए कि ये सब उनकी ही खोजें हैं, जो दोबारा खोजकर लिखी गई हैं। यह सारा कार्य न्यूटन ने वुल्सथॉर्प में प्लेग के उन दो वर्षों में ही कर लिया था, जब वे कैंब्रिज से स्नातक बनकर वापस आए थे। अपना कार्य प्रकाशित न करवाने की संकोची एवं आलसी प्रवृत्ति ने उन्हें कई बार उपलब्धियों से वंचित रखा।

जुलाई 1669 में बैरो ने प्रयत्न किए कि न्यूटन की गणितीय उपलब्धियाँ दुनिया के सामने आएँ। बैरो को न्यूटन ने अपना गणित का कार्य दिखाया था। उसे बैरो ने लंदन में कॉलिंस को यह लिखते हुए भेजा कि 'न्यूटन ने मुझे कुछ कागज दिए हैं, जिनमें हाइपरबोला के आयामों की गणना की विधियाँ हैं। इनसे समीकरण भी हल किए जा सकते हैं। मुझे लगता है, आप इन्हें पसंद करेंगे।'

कॉलिंस ने सभी तत्कालीन गणितज्ञों से पत्र-व्यवहार किया, ताकि

इस कार्य को तुरंत पहचान मिले। रॉयल सोसाइटी के अध्यक्ष ब्रॉकर को भी कॉलिंस ने न्यूटन के किए गए कार्य दिखाए; परंतु इसके बाद न्यूटन ने प्रार्थना की कि उनकी पांडुलिपि मूल प्रति उन्हें वापस लौटा दी जाए।

बैरो अपने शोध-पत्र तैयार करने में न्यूटन की सहायता लिया करते थे, विशेषकर जब उनके शोधपत्र 'ऑप्टिक्स' से संबंधित होते थे। सन् 1669 में बैरो का सारा कार्य प्रकाशित हुआ। उन्होंने प्रशंसापूर्वक न्यूटन का आभार व्यक्त किया—'बड़े विद्वान् और साधु पुरुष एक व्यक्ति ने मेरा कार्य दोबारा देखा और उसमें सुधार करके मेरी बहुत सहायता की है।' इसके बाद बैरो ने अपने पद से त्याग-पत्र देकर वह पद न्यूटन को देने की सिफारिश की। न्यूटन तब सत्ताईस वर्ष से भी कम उम्र में ल्यूकेशियन प्रोफेसर बन गए। इसके तुरंत बाद वे दो बार लंदन गए और कॉलिंस से मिले; फिर उन्होंने ग्रेगरी को लिखा—

'...उनसे अधिक परिचय नहीं होने से मैं नहीं समझता कि उन्हें और अधिक संवाद स्थापित करने के लिए बाध्य करना चाहिए।'

प्रोफेसर का पद पाकर न्यूटन का भविष्य अधिक सुरक्षित हो गया था और उनपर लगी पाबंदियाँ भी कम हो गई थीं, जैसे—अब केवल जघन्य अपराधों का दोषी होने पर ही उन्हें पदच्युत किया जा सकता था तथा कैंब्रिज के नियमों के अनुसार केवल नास्तिकता और मानव हत्या पर ही पाबंदी थी। अकादमिक सत्र के दौरान प्रत्येक सप्ताह उन्हें गणित का एक लेक्चर पढ़ना होता था तथा उसकी एक कॉपी पुस्तकालय में जमा करानी होती थी। जब वे अपना लेक्चर देते तो विद्यार्थियों की संख्या बहुत कम होती थी। कई बार वे खाली कक्षा को पढ़ाकर या छोड़कर वापस अपने चैंबर में लौट जाते थे। इस नए व्याख्याता की उपस्थिति ने साबित कर दिया था कि देश की उन्नति के लिए गणित का ज्ञान बहुत आवश्यक है। आर्किटेक्ट, व्यापारियों और नाविकों के लिए गणित का ज्ञान आवश्यक था, परंतु क्यूबिक गोलों और अनंत श्रेणियाँ

(infinite series) जैसे गणित के तकनीकी शब्दों का ज्ञान आवश्यक नहीं था।

जनवरी 1970 में प्रारंभ हुई व्याख्यानमाला में न्यूटन ने गणित के स्थान पर प्रकाश और रंगों के बारे में व्याख्यान देने का फैसला किया। न्यूटन ने महसूस किया कि टेलीस्कोप के आविष्कार ने लोगों में प्रकाश और रंगों के बारे में काफी रुचि पैदा कर दी थी, इसलिए उन्होंने निश्चय किया था कि वे इसमें अपनी उपलब्धियाँ जोड़ेंगे। उन्होंने बताया कि जब भी प्रकाशीय किरणें एक माध्यम से दूसरे माध्यम में प्रवेश करती हैं, जैसे हवा से पानी या हवा से काँच या काँच से पानी में, तो वे मुड़ जाती हैं; इसे 'अपवर्तन' कहते हैं। स्कारलेट का गाउन पहनकर न्यूटन ने थोड़े से छात्रों के सामने प्रकाश पर अपना व्याख्यान दिया, जिसे छात्रों ने बड़ी उत्सुकता से सुना और समाचार की तरह चारों ओर इसकी चर्चा की।

न्यूटन केवल आरेख और गणनाओं का ही काम नहीं कर रहे थे, बल्कि वे काँच और लेंसों को घिसने का तथा उन्हें विभिन्न प्रकार से अगोलाकार वक्रों में तराशने का काम भी कर रहे थे। टेलीस्कोप बनानेवालों के सामने यह समस्या थी कि उनके टेलीस्कोप से आकृतियाँ धुँधली नजर आती थीं, क्योंकि गोलीय लेंस द्वारा प्रकाश की किरणें एक बिंदु पर केंद्रित नहीं हो पाती थीं। इसके अतिरिक्त लेंस का आकार बढ़ाते जाने पर अवांछनीय रंगों के और अधिक चक्र नजर आने लगते थे। इन समस्याओं का कारण केवल न्यूटन ही समझ पाए। उनके अनुसार, यह समस्या इंपरफेक्ट क्राफ्ट की न होकर सफेद प्रकाश के स्वभाव की थी; क्योंकि सफेद प्रकाश शुद्ध सफेद न होकर रंगों का मिश्रण है, जो विभिन्न प्रकार से अपवर्तित होता है। न्यूटन ने बताया कि लेंस अपने किनारों पर प्रिज्म के समान कार्य करते हैं। अत: इन सब बातों को ध्यान में रखते हुए न्यूटन ने एक नया टेलीस्कोप बनाया, जिसमें अपवर्तन लेंस

(refracting lens) के स्थान पर एक परावर्तनीय दर्पण (reflecting mirror) का प्रयोग किया। इसमें केवल एक समस्या आ रही थी—काँच की। लेंस की चिकनी सतह से मिलाते हुए धातु को किस प्रकार तराशा जाए। न्यूटन ने अपनी टिन भट्ठी की सहायता से ताँबे एवं टिन की एक मिश्र धातु तैयार की और बड़ी मेहनत से घिसकर उसकी सतह चिकनी बनाई। न्यूटन की मेहनत रंग लाई और फिर सन् 1669 में लंदन व इटली का सर्वोत्तम टेलीस्कोप न्यूटन के पास था, जिसकी मात्र 10 इंच लंबी नली थी और उसकी आवर्धन क्षमता चालीस गुना अधिक थी। उसे दो वर्षों तक न्यूटन ने अपने पास रखा। उसकी सहायता से उन्होंने उपग्रहों सहित बृहस्पति ग्रह की डिस्क तथा शुक्र ग्रह को अर्धचंद्राकार रूप में देखा। सन् 1672 में टेलीस्कोप दान करने के बाद वे रॉयल सोसाइटी के फेलो चुने गए।

रॉयल सोसाइटी नामक संस्था का जन्म लोगों में वैज्ञानिक चेतना के प्रसार और सूचना के प्रचार के लिए हुआ था। इसके पूर्व किसी संस्था ने इस प्रकार का कार्य नहीं किया था। इसके जन्मदाताओं का मानना था कि विज्ञान किसी संस्था में नहीं बसता, बल्कि वह तो लोगों की अपनी सोच-समझ से उपजता है। उन लोगों ने 'एंपायर इज लर्निंग' नामक ग्लोबल नेटवर्क की कल्पना कर डाली। उनके अनुसार, जो लोग प्रकृति को पूर्ण रूप से समझना चाहते हैं, उन्हें अपने ज्ञानचक्षु खुले रखने चाहिए। तथा दुनिया के हर स्थान से अधिकतम ज्ञान प्राप्त करने का प्रयत्न करना चाहिए। प्राचीन ज्ञान का खजाना सबकी पहुँच में होना चाहिए। ऐसा प्रतीत होता था मानो वैज्ञानिक खोजें चारों ओर अलग-अलग भाषाओं में बिखरी पड़ी हैं। उन्हें एक साथ लाने का काम भी इस संस्था ने किया। यूरोप की विभिन्न लोकभाषाओं के वैज्ञानिक तथ्यों एवं खोजों का लैटिन भाषा में अनुवाद भी किया।

सन् 1672 में रॉयल सोसाइटी का फेलो चुने जाने के बाद न्यूटन ने

प्रकाश और रंगों पर अपना पहला शोध-पत्र प्रकाशित किया। यह शोध-पत्र 'फिलोसॉफिकल ट्रांजेक्शंस' (Philosophical Transections) तथा 'द रॉयल सोसाइटी' (The Royal Society) में प्रकाशित हुआ था। यह शोध-पत्र सामान्यतया स्वीकार किया गया, परंतु हुक और ह्यूजेंस ने न्यूटन के इस प्रयास का विरोध किया, जिसमें वे प्रयोग द्वारा दरशाना चाहते थे कि प्रकाश तरंगों में न चलकर छोटे-छोटे कणों की गति से मिलकर चलता है।

न्यूटन सदैव दो दिशाओं में चलते थे। उनके स्वभाव का एक पहलू था, जिसे प्रशंसा और पहचान की भूख थी; जबकि दूसरी ओर वे समालोचना से डरते भी थे, इसलिए वे अपना कार्य प्रकाशित नहीं कराना चाहते थे। यह निश्चित है कि समालोचना के प्रति उनकी प्रतिक्रिया तर्क-रहित थी तथा लोगों के मध्य हुक को अपमानित करने का उद्देश्य भी उनके असामान्य व्यवहार का द्योतक था। उनके उच्च प्रभाव के कारण ही शायद प्रकाश की कार्पसकुलर थ्योरी (corpuscular theory) छाई रही, जब तक कि उन्नीसवीं सदी में वेव थ्योरी (wave theory) पुनरुज्जीवित नहीं हो गई।

□

प्रतिक्रियाएँ

ट्रिनिटी कॉलेज अपने आप में भरा-पूरा था। उसमें एक पुस्तकालय, एक बड़ा फव्वारा और घास के मैदान थे। न्यूटन ने अपने लिए ऊपर का चैंबर लिया था। इसके पश्चिम में चारदीवारी से घिरा एक टेनिस कोर्ट था, जहाँ वह खिलाड़ियों को खेलते हुए देखा करते थे। पर उनका ध्यान टेनिस की गेंद की दिशाओं पर होता था कि वह किस प्रकार घूमती जाती है। फिर उन्होंने अनुमान लगाया कि चूँकि गेंद को तिरछा शॉट लगता है, इसलिए वह स्पिन कर जाती है।

कौतूहल और जिज्ञासा को शांत करने के लिए कारण खोजना न्यूटन के स्वभाव में शामिल था। किसी भी घटना, खेल या प्राकृतिक सुंदरता का आनंद लेने के बजाय उनका वैज्ञानिक मस्तिष्क गंभीरता से काम करने लगता था।

अगले तीन वर्षों में भी न्यूटन रॉयल सोसाइटी के सम्मुख प्रस्तुत होने के लिए लंदन नहीं गए; परंतु अपने वादे के अनुसार ऑल्डेनबर्ग को अपनी दार्शनिक खोजों का लेखा-जोखा भेजना नहीं भूले। उन्होंने सन् 1672 में एक लंबा पत्र तैयार किया, जिसे मीटिंग में पढ़ा जाना था। पंद्रह दिनों के अंदर ही ऑल्डेनबर्ग ने उसे टाइप करके 'फिलोसॉफिकल ट्रांजेक्शंस' में प्रकाशित करा दिया। न्यूटन के पत्र में एक प्रयोग और एक सिद्धांत दोनों शामिल थे। उन्होंने लिखा कि छह

वर्ष पूर्व उन्होंने अपनी खिड़की में छोटा सा छेद किया। उसमें से आते हुए प्रकाश-पुंज को प्रिज्म में से गुजारा तो उन्हें दीवार पर विभिन्न रंग दिखाई दिए थे। रंगों की तीव्रता एवं पृथक्करण एकदम स्पष्ट था और इस प्रयोग ने उन्हें काफी उत्साहित किया था। रंगों का यह खेल पुराना हो चला था, क्योंकि काँच का इस्तेमाल करने पर लोगों ने देखा था कि प्रकाश में काँच के टूटे हुए किनारों से रंग दिखते थे। सावधानीपूर्वक बनाए गए त्रिकोणीय प्रिज्म से रंगों की उत्पत्ति और अच्छी प्रकार से होती थी; पर रंग कहाँ से आते थे, यह कोई नहीं जानता था। ऐसा लगता था मानो प्रिज्म ही रंगों को उत्पन्न कर रहा है।

न्यूटन ने एक आश्चर्यजनक बात नोट की कि प्रयोग को करते समय जब वे अनुमान लगा रहे थे कि दीवार पर अपवर्तित प्रकाश एक गोलाकार आकृति बनाएगा तब उन्हें अंडाकार आकृति मिली। इसे समझने के लिए उन्होंने प्रिज्म को खिसकाकर देखा कि कहीं काँच की मोटाई से तो कोई फर्क नहीं पड़ता। उन्होंने खिड़की के छेद को घटा-बढ़ाकर देखा, फिर दूसरे प्रिज्म से वही प्रयोग किया। छेद से दीवार की दूरी 22 फीट, रंगीन अंडाकृति की लंबाई 13¼ इंच तथा चौड़ाई $2\frac{5}{8}$ इंच थी। आपतन कोण तथा अपवर्तन कोण भी नापे गए। इन सब प्रेक्षणों से न्यूटन ने निष्कर्ष निकाला कि सूर्य एक बिंदु न होकर एक डिस्क के समान है, जो 31 मिनट के चाप में फैला है।

इस घटना को उन्होंने 'एक्सपेरीमेंट्स क्रूसिस' में लिखा है कि यह प्रयोग चौराहे पर लगे साइनपोस्ट की तरह था, जिसने उनकी आगे बढ़ने की दिशा निर्धारित कर दी थी।

न्यूटन ने दो प्रिज्मों की सहायता से प्रयोग करके यह साबित कर दिया कि प्रकाश विभिन्न प्रकार से अपवर्तित होनेवाली किरणों से मिलकर बना है तथा रंग प्रकाश का मूलभूत गुण है। उसका कोई रूपांतरण (modification) नहीं है। सफेद प्रकाश रंगों का असमान

मिश्रण है तथा नीले रंग का अपवर्तन लाल रंग से अधिक होता है।

न्यूटन का पत्र अपने आप में एक प्रयोग था; उनके वैज्ञानिक परिणामों का पहला संवाद था, जिसे प्रकाशित कराया जाना था। अपने प्रयोगों एवं परिणामों की वे स्वयं के लिए लिखने लगे। प्रयोगों के दौरान उनके क्रिया-कलाप तर्क से युक्त होते चले गए। वे अपनी भावनाएँ, रंगों के प्रदर्शन के दौरान खुशी, उनकी अनिश्चितता और इन सबसे बढ़कर आश्चर्य—इन सबको अपने उल्लेखों में वर्णित करते गए।

दूसरी ओर डिस्कार्ट्स ने जब प्रकाश को प्रिज्म में से गुजारा तो उन्हें अंडाकृति के स्थान पर गोलाकार रंगों का समूह दिखा। इसे समझाने के लिए न्यूटन ने बताया कि प्रिज्म और दीवार के मध्य दूरी कम थी। न्यूटन के प्रयोग की तरह 22 फीट लंबी नहीं थी।

पर वास्तव में प्रकाश क्या था?

डिस्कार्ट्स के अनुसार, यह ईथर में दबाव के कारण उत्पन्न होता है। हुक ने उसका विरोध करते हुए कहा कि प्रकाश ईथर में उत्पन्न कंपन अथवा ध्वनि के समान एक तरंग है। न्यूटन ने दोनों संभावनाओं से इनकार किया। उनके अनुसार, यदि प्रकाश ध्वनि-तरंगों की भाँति चलता है तो वह कोनों से मुड़ता क्यों नहीं, जबकि ध्वनि-तरंगें मुड़ जाती हैं? अपने नोट्स में न्यूटन ने लिखा है कि प्रकाश ग्लोब्यूल्स की भाँति है, जो बहुत तीव्र गति से चलकर हमारे दृष्टिपटल पर पड़ता है।

न्यूटन के इन निष्कर्षों से पहले के वैज्ञानिकों ने अपने आपको अपमानित महसूस किया। अगले चार वर्षों तक 'फिलोसॉफिकल ट्रांजेक्शंस' विवादों से घिरा रहा। महीने-दर-महीने न्यूटन के पत्र की दस समालोचनाएँ तथा न्यूटन की ओर से ग्यारह जवाब दिए जा चुके थे।

प्रकाश के संबंध में न्यूटन का गणित सदैव छुपा रहा और हुक

उनपर हावी रहे। 'क्यूरेटर ऑफ एक्सपेरीमेंट्स' होने के नाते हुक ने रॉयल सोसाइटी को बताया कि न्यूटन द्वारा प्रकाशित सारे प्रयोग वे वर्षों पूर्व सैकड़ों बार कर चुके हैं। न्यूटन के प्रेक्षणों से हुक बिलकुल भी प्रसन्न नहीं थे, फिर भी उन्होंने माना कि वे न्यूटन के इन प्रयोगों को केवल एक हाइपोथीसिस (प्राक्कल्पना) मान रहे थे। हुक ने कहा कि वे अपने प्रयोगों के आधार पर पहले ही साबित कर चुके हैं कि प्रकाश ईथर में एक स्पंदन है तथा रंग प्रकाश में उत्पन्न एक व्यवधान है। हुक ने कहा कि प्रिज्म प्रकाश में उसी प्रकार रंग भरता है जिस प्रकार एक ऑर्गन पाइप या वायलिन स्ट्रिंग हवा में ध्वनि उत्पन्न करती है।

पेरिस से इग्नेस पारडीस ने लिखा कि न्यूटन ने प्रकाश के बारे में जो परिकल्पना (hypothesis) दी है, वह तो प्रकाश की मौलिकता की धज्जियाँ उड़ा देगी। जो यह कहती है कि अंडाकार आकृति सूर्य के विभिन्न भागों से आनेवाली किरणों के कारण है तथा प्रकाश के विभिन्न रंगों को मिश्रित करने पर केवल एक काला धब्बा नजर आता है, सफेद प्रकाश नहीं। इन सारी प्रतिक्रियाओं से न्यूटन बहुत विचलित और नाराज हो गए। न्यूटन की नाराजगी का प्रमुख कारण 'परिकल्पना' शब्द का इस्तेमाल था। उनके अनुसार, वे कोई परिकल्पना नहीं दे रहे थे, वे तो केवल अपने प्रयोगों के आधार पर खोजे गए प्रकाश के कुछ गुण सबके सामने रखना चाह रहे थे। न्यूटन ने कहा कि यदि मैं उन गुणों को सत्यापित करने में असमर्थ रहा तो सारे प्रयोग व्यर्थ समझकर छोड़ दूँगा, पर इसे अपनी परिकल्पना कहलाना कदापि स्वीकार नहीं करूँगा। ऑल्डेनबर्ग ने कहा कि न्यूटन यह प्रतिक्रिया बिना किसी का नाम लिये (विशेषकर हुक का) व्यक्त कर रहे हैं। महीने गुजरते गए और यह टकराव भी बढ़ता गया। तब अंत में न्यूटन ने एक लंबा पत्र लिखकर उत्तर दिया कि मैं एक ऐसे व्यक्ति से परेशान हूँ, जो मेरी

हाइपोथीसिस के प्रति इतना अधिक चिंतित्र है। उस पत्र के प्रत्येक पृष्ठ और शीर्षक पर हुक का नाम लिखा था। 'मिस्टर हुक केवल मुझे दोषी ठहराने के बारे में चिंतित हैं, जबकि वे अच्छी तरह से जानते हैं कि एक व्यक्ति इसके अध्ययन के लिए नियम नहीं बना सकता, विशेषकर जब वह आधारों को बिना समझे ही आगे बढ़ रहा हो। काश, हुक ने एक व्यक्तिगत पत्र लिखकर मुझे कृतज्ञ कर दिया होता!' हुक ने 'एक्सपेरीमेंटल क्रूसिस' को बिना कारणों के वापस कर दिया। न्यूटन ने चार बार पत्र लिखा, जो उनकी मूल रिपोर्ट से भी लंबा हो गया। उन्होंने हुक को सूक्ष्मदर्शी का प्रयोग करने की सलाह दी, उन्हें शुद्ध रंगों तथा मिश्रित सफेद रंग के बारे में भी बताया। कुल मिलाकर उन्होंने जोर दिया कि हुक स्वयं प्रयोग करें। वे बिना प्रयोग किए निष्कर्ष निकालते हैं।

न्यूटन 'ऑप्टिक्स' को एक गणितीय विज्ञान मानते थे, जो भौतिकी के सिद्धांतों पर टिका है तथा इसकी सत्यता गणितीय प्रमाण देते हैं। उन्होंने कहा कि चूँकि उन्होंने इन सिद्धांतों को सीखा है, इसलिए वे सफलता प्राप्त करते रहे हैं।

हुक न्यूटन के कट्टर प्रतिद्वंद्वी रहे। एक अन्य वैज्ञानिक ह्यूजेंस ने भी प्रकाश के तरंग सिद्धांत को समर्थन दिया था। प्रकाश के अपवर्तन तथा परावर्तन (reflection and refraction) के बारे में उनकी सोच दृढ़ तथा सही थी। प्रारंभ में ह्यूजेंस ने भी न्यूटन की हाइपोथीसिस के बारे में पत्रों द्वारा ऑल्डेनबर्ग से प्रश्न किए थे, जिनके जवाब में उन्हें एक युवा वैज्ञानिक (न्यूटन) के क्रोध का सामना करना पड़ा था।

रॉयल सोसाइटी में चुने जाने के पंद्रह महीने बाद न्यूटन ने घोषणा की कि 'वह न केवल सोसाइटी से त्याग-पत्र देना चाहते हैं बल्कि उन सारे पत्राचारों से भी मुक्त होना चाहते हैं, जो विवादित होते जा रहे थे।' उन्होंने कॉलिंस को लिखा कि 'मेरे साथ कोई सख्ती नहीं की गई

है; पर मैं नहीं चाहूँगा कि भविष्य में भी कभी इस प्रकार का बरताव हो। अतएव मैं सारे पत्राचार और विवादों से स्वयं को मुक्त करता हूँ। कृपया मुझसे अब कोई आशा न की जाए।'

ऑल्डेनबर्ग ने विनती की कि वे एक बार अपने निर्णय पर पुनर्विचार करें, क्योंकि सोसाइटी उन्हें चाहती है, उनका सम्मान करती है। न्यूटन अभी तक हुक, कॉलिंस अथवा ऑल्डेनबर्ग से व्यक्तिगत रूप से नहीं मिले थे, केवल पत्राचार का ही संबंध था। सन् 1675 में न्यूटन लंदन गए और रॉयल सोसाइटी के सामने प्रस्तुत हुए। अब जाकर वे अपने उन मित्रों और विरोधियों से व्यक्तिगत रूप से मिले, जिनसे अभी तक केवल पत्राचार का ही संबंध था। वहाँ न्यूटन की मुलाकात हुक के सलाहकार रॉबर्ट बॉयल से हुई, जो न्यूटन से पंद्रह वर्ष वरिष्ठ थे। इसके लगभग दो वर्षों तक ऑल्डेनबर्ग को न्यूटन का कोई पत्र नहीं मिला। न्यूटन ने प्रकृति का महान् सत्य खोज लिया था। उन्होंने उसे सिद्ध किया और विवादों में घिर गए। उन्होंने दिखाया कि विज्ञान केवल महान् सिद्धांतों पर आधारित न होकर ठोस प्रयोगों पर आधारित है।

न्यूटन को महसूस हुआ कि सूर्य की छाया का पीछा करने में उन्होंने अपने जीवन की शांति गँवा दी थी।

□

चक्रवात के मध्य

बॉयल के वायु पंप के प्रयोग जनता में काफी लोकप्रिय हो चुके थे तथा प्रकाश के संबंध में उनका स्वयं का जो अन्वेषण था, उसने हुक और न्यूटन को आगे बढ़ने की प्रेरणा दी। बॉयल ने न्यूटन का सोल्लास स्वागत किया।

अगले कुछ महीनों में न्यूटन लंदन से वापस कैंब्रिज आकर एक नई पांडुलिपि पर काम करने लगे। उन्होंने अपनी कारपस्कुलर थ्योरी लिखी। उन्होंने नाना प्रकार की प्रक्रियाओं को समझाया। उस समय हर प्रकार की रासायनिक प्रक्रियाएँ मौजूद थीं। न्यूटन ने एक बार रॉयल सोसाइटी के लोगों को चौंका दिया, जब उन्होंने एक प्रयोग द्वारा विद्युत् का प्रदर्शन किया—एक ऐसी शक्ति, जो कुछ पदार्थ उत्तेजित होते समय ग्रहण कर लेते हैं, जैसे—उन्होंने काँच की एक डिस्क को कपड़े से रगड़कर उसकी डिस्क को जब कागज के छोटे-छोटे टुकड़ों के ऊपर हिलाया तो ऐसा लगा मानो कागज के टुकड़ों में जीवन आ गया हो। वे इन सारी अनियमित गतियों को यांत्रिक रूप से समझा नहीं सके। इस लगातार परिवर्तनशील संसार को देखकर न्यूटन ने एक कविता ही लिख डाली—

'प्रकृति लगातार गोलाई में घूमती है, जो ठोस से तरल उत्पन्न करती है—कभी तरल द्रवों से ठोस पदार्थ, वाष्पशील वस्तुओं से स्थायी तो

कभी स्थायी से वाष्पशील वस्तुएँ। कुछ चीजों से ऊपर का आसमान, वातावरण बना तो कुछ चीजों ने नीचे रहकर नदियाँ आदि बनाईं।'

प्राचीन लोग 'ईथर' की उपस्थिति को मानते थे। एक ऐसा पदार्थ, जो अन्य अवयवों से परे था, हवा और आग से अधिक शुद्ध था। न्यूटन ने ईथर को एक प्राक्कल्पना (हाइपोथीसिस) कहा। उन्होंने उसे हवा की तरह का ही एक माध्यम बताया; पर वह बड़ा दुर्लभ, सूक्ष्म और काफी लचीला है। जिस प्रकार हवा में कंपन/स्पंदन से ध्वनि पैदा होती है उसी प्रकार ईथर में भी कंपन होते हैं; पर वे काफी हलके और सूक्ष्म होते हैं।

एक चुंबक के आस-पास लोहे की कतरनें डालने पर वे वक्राकार पंक्तियों में जमा हो जाती हैं। धातुओं को काँच के जार में सीलबंद करने पर भी उनपर रासायनिक परिवर्तन दिखाई देते हैं। एक खाली गिलास, जिसमें से हवा निकाल दी गई हो, में पेंडुलम अधिक देर तक स्विंग करता है; हालाँकि धीरे-धीरे उसकी गति कम होती जाती है और फिर स्थिर हो जाता है, जो यह सिद्ध करता है कि उस गिलास में हवा से भी सूक्ष्म कोई ऐसी चीज़ है जो पेंडुलम की गति को रोकती है। शायद कागज के टुकड़ों को कोई ईथरीय हवा ही उड़ाती है। शायद हमारी तंत्रिकाएँ और मस्तिष्क ईथरीय स्पिरिट को प्रवाहित करते हैं—हमारी पेशियों को आत्मा द्वारा जो शक्ति पहुँचती है, वह तंत्रिकाओं द्वारा ईथर ही संचारित करता है। आग, धुआँ, सड़न और जानवरों की गतियाँ शायद सभी ईथर के उत्तेजित होने, फूलने तथा सिकुड़ने का परिणाम हैं। शायद सूर्य का ईंधन भी यही ईथर है। उस समय सारी गतियों, ऊर्जा आदि का जिम्मेदार ईथर को माना गया। एक सार्वभौमिक पदार्थ, जो सर्वत्र व्याप्त है।

सन् 1675 में हुक ने एक खोज की थी, जिसे बाद में विवर्तन नाम दिया गया—अर्थात् कोनों पर से प्रकाश का मुड़ना। इसे क्वांटम मेकैनिज्म में किरणों के व्यतिकरण द्वारा समझाया गया। न्यूटन ने इस आविष्कार

की सराहना की; परंतु हुक के इस प्रयोग से पहले वे इस प्रयोग के बारे में पढ़ चुके थे। उन्होंने बताया कि फ्रेंच वैज्ञानिक फैब्री ने इसका वर्णन पहले ही किया था और यह हुक की मौलिक खोज नहीं है।

इस टिप्पणी से हुक नाराज हो गए और शाम को कॉफी हाउस में एक मीटिंग में अपने मित्रों से कहा कि उनकी 'प्लस थ्योरी' पर न्यूटन आधिपत्य जमा रहे हैं। न्यूटन आसमान के कंपनों के रूप में रंगों के बारे में बात कर रहे थे। उनके अनुसार, बड़े कंपन/ स्पंदन लाल होते हैं तथा छोटे कंपन बैंगनी। न्यूटन ने कभी तरंगों के रूप में प्रकाश की व्याख्या नहीं की। हुक के लिए भी तरंगें केवल समुद्र से ही संबंधित थीं, प्रकाश से नहीं।

न्यूटन की 'हाइपोथीसिस' को समर्पित दूसरी मीटिंग के अंत में हुक ने यह घोषणा कर दी कि इसका अधिकतर भाग उनकी 'माइक्रोग्राफिया' से लिया गया है। ऑल्डेनबर्ग ने बिना समय गँवाए यह बात कैंब्रिज तक पहुँचा दी।

कैंब्रिज से न्यूटन ने मुँहतोड़ जवाब दिया—'मैं नहीं जानता कि श्री हुक स्वार्थसिद्धि के लिए किस सीमा तक जा सकते हैं; पर हमें सबसे पहले यह देखना होगा कि उन्होंने डिस्कार्ट्स तथा अन्य वैज्ञानिकों से क्या लिया है—'यह कि ईथर सर्वव्याप्त है। यह कि प्रकाश ईथर का एक ऐक्शन है। यह कि ईथर विभिन्न ठोस वस्तुओं में विभिन्न कोणों से प्रवेश करता है। यह कि प्रकाश पहले एक समान होता है। यह कि प्रकाशीय किरणों में बदलाव से रंग उत्पन्न होते हैं, जिन्हें बढ़ाने से लाल और कम करने पर नीला रंग प्राप्त होता है। अन्य सभी रंग लाल और नीले रंग के मिश्रण से बनते हैं।'

न्यूटन ने कहा कि हुक ने डिस्कार्ट्स के ईथर में गतिवाले विचार को स्पंदन में बदलकर प्रस्तुत किया है। डिस्कार्ट्स के लिए ग्लोब्यूल्स, तो हुक के लिए स्पंदन था। बस, यही सबकुछ था।

इसके बाद न्यूटन ने कहा कि अब श्री हुक मुझे स्वीकृति देंगे कि जो कड़ी मेहनत से मैंने खोजी है, उसका मैं उपयोग कर पाऊँ।

न्यूटन के कमजोर पक्ष पर हुक प्रहार कर रहे थे कि प्रकाश कणों के रूप में है या तरंगों के रूप में? चूँकि न्यूटन स्वयं अभी तक इस बिंदु पर डगमगा रहे थे, उन्होंने माना कि एक ईथर उपस्थित है, जो रहस्यमय है।

ऑल्डेनबर्ग, जो हुक के मित्र नहीं थे, ने 'रॉयल सोसाइटी की आगामी मीटिंग को न्यूटन दोबारा जॉइन करेंगे', ऐसी घोषणा करके हुक को आश्चर्यचकित कर दिया। आखिर में वर्षों तक चले झूठे युद्ध के बाद हुक ने अपने हाथ में कलम उठाने का निश्चय किया और अपने प्रतिवादी को लिखा, जिसमें उनका लहजा बड़ा ही नरम और दार्शनिक था—'मुझे लगता है कि न्यूटन को गलत सूचित किया गया था कि उन्हें ऐसे दुर्भाग्यपूर्ण कार्यों का अनुभव है। उन्होंने कहा कि हम दो मेहनती लोग हैं। तुम्हारे और मेरे डिजाइंस का उद्द्देश्य एक ही है, जो कि सत्य की खोज है और मेरा मानना है कि हमें विरोध सहन करना ही होगा।'

लगभग पंद्रह दिन के बाद न्यूटन का उत्तर आया, जिसमें उन्होंने हुक को एक 'वास्तविक दार्शनिक' कहा। न्यूटन ने इस व्यक्तिगत पत्राचार के उद्देश्य का हार्दिक स्वागत किया और लिखा—'जो पूर्व में हम दोनों के मध्य हुआ, उसे शायद ही हम भविष्य में दोहराएँगे; पर अब दो मित्रों के मध्य होनेवाली व्यक्तिगत बातों को प्रतिस्पर्धा के स्थान पर परामर्श कहना ही उचित होगा। मैं आशा करता हूँ कि हमारे संबंध इसी प्रकार मधुर बने रहेंगे। न्यूटन और हुक के मध्य व्यक्तिगत दार्शनिक बातें अभी नहीं हुईं। इसके बाद अगले दो वर्षों तक उनके मध्य कोई संवाद नहीं हुआ। तब तक ऑल्डेनबर्ग की मृत्यु हो चुकी थी तथा हुक ने रॉयल सोसाइटी के सचिव के रूप में उनका स्थान ले लिया था।

□

रसायनविद् के रूप में

न्यूटन ने धुएँ और गैसों को बाहर निकालने के लिए एक विशेष प्रकार की चिमनी बनाई थी।

तीस वर्ष की आयु में ही उनके लगभग सारे बाल सफेद हो चुके थे, जो कंधों तक झूलते रहते थे और अधिकतर बिना कंघा किए हुए होते थे। न्यूटन दुबले-पतले, बड़ी नाक तथा गिब्बन सी आँखोंवाले व्यक्ति थे। वे अपने अध्ययन-कक्ष में कई-कई दिनों तक मोमबत्ती की रोशनी में अपने कार्य में इतने मगन हो जाते थे कि उन्हें खाने-पीने-सोने का खयाल ही नहीं रहता था। ट्रिनिटी के अन्य साथी फेलो खाने की मेज पर उन्हें बिना अड़चन के अकेले रहने देना सीख गए थे। इसी प्रकार बाहर चलते समय न्यूटन अपनी छड़ी से मिट्टी कुरेदकर कुछ लिखते चले जाते थे। बाकी लोग उनसे दूर ही रहते थे। अधिकतर लोगों ने उन्हें शांत और एकांतवासी के रूप में देखा था। अकसर उन्होंने जूते-मोजे ठीक से नहीं पहने होते थे। वे प्लेग एवं चेचक जैसी बीमारियों से डरते थे और उनसे बचाव के रूप में स्वयं अपनी चिकित्सा कर डाली थी। उन्होंने तारपीन तेल, गुलाब जल, जैतून का तेल एवं मोम को मिलाकर एक रसायन तैयार किया, जिसे खाली पेट पिया करते थे। वास्तव में वे अपने आपको जहर दे रहे थे, जिसके परिणामस्वरूप वे नर्वस ब्रेकडाउन का शिकार हो गए थे।

न्यूटन अपने ज्ञान व प्रयोगों के आधार पर एक अनुभवी रसायनविद् थे। यह रहस्य उन कागजों द्वारा ज्ञात हुआ, जो न्यूटन के जीवनपर्यंत गोपनीय रहे और उनकी मृत्यु के बाद बेतरतीब अवस्था में मिले। बहुत समय बाद रसायन विज्ञान दो शाखाओं में बँट गया—एक शाखा जाती थी साधारण रसायन विज्ञान की ओर, जिसमें पदार्थों के अवयवों के बारे में बताया गया है। यह शाखा पीछे छूट गई। दूसरी शाखा जाती थी आधुनिक माने जानेवाले औषध विज्ञान की ओर, जो रसायनविदों, कीमियागरों तथा औषधविदों से जुड़ी थी। यह वास्तव में विज्ञान और कला के संगम का युग था, जिसमें रूपांतरण, किण्वन और प्रजनन शामिल थे।

न्यूटन के समय में रसायन-विद्या अपने चरमोत्कर्ष पर थी। उस समय लोग मानते थे कि रसायनविद् स्वर्ण बनाना जानते हैं। तत्कालीन रसायनविद् अपना ज्ञान, शोध आदि गोपनीय रखना चाहते थे और अपने लेखों का वर्ण-विन्यास करके गूढ़ या कूट भाषा में लिखते थे, ताकि उन्हें कोई पढ़ न सके। न्यूटन ने भी यही किया। रसायनविदों के लिए प्रकृति हर प्रक्रिया के साथ जीवंत रहती है, हृदय अर्थात् मैटर (matter) निष्क्रिय न होकर सक्रिय है, निष्प्राण न होकर जीवन से भरा हुआ है। हालाँकि न्यूटन एक वैज्ञानिक और गणितज्ञ थे, परंतु वे अध्यात्म के बिना प्रकृति की कल्पना नहीं कर सकते थे। संसार में अवयवों एवं रूपों की अधिकता तथा उन तत्त्वों का एक-दूसरे में रूपांतरण : इन सबके लिए कोई एक शुद्ध मेकैनिकल थ्योरी देना असहज बात थी।

न्यूटन ने अपने कमरे के बाहर बगीचे में एक प्रयोगशाला बनाई, जिस पर एक शेड डाला गया। न्यूटन की भट्ठी की आग दिन-रात जलती रहती थी। लगातार जलनेवाली उस आग में पिघलना, वाष्पीकरण, ऊर्ध्वपातन तथा कैल्सीकरण जैसी अनेक प्रक्रियाएँ आरंभ हो चुकी थीं। न्यूटन की भट्ठी टिन, फायरस्टोंस तथा ईंटों से बनी हुई थी। ऊर्ध्वपातन

में धातुओं के जलने से वाष्प उत्पन्न होती है, जो ठंडा करने पर हवा में बदल जाती है।

कैल्सीनेशन में ठोस पदार्थों को गरम करके डस्ट/पाउडर में बदला जाता है। जब क्रिमसन रंग की एक धातु सिनेबार को आग से गुजारा गया तो उससे चाँदी के तरल जैसा द्रव मिला, जिसे 'क्विक सिल्वर' कहा गया। उस समय रसायनविदों ने विभिन्न धातुओं को अलग-अलग ग्रहों के नाम दिए थे, जैसे—लोहे को मंगल, ताँबे को शुक्र, सोने को सूर्य तथा इसी प्रकार क्विक सिल्वर को बुध कहते थे। उन्होंने अपनी कूट/गोपनीय भाषा में ग्रहों एवं नक्षत्रों के प्राचीन चिह्न ☿ भी प्रयुक्त किए थे। क्विक सिल्वर नामक धातु को साँपों की कुंडली द्वारा दरशाया गया था। अन्य रसायनविदों के समान न्यूटन ने भी पारे को अलग से कोई धातु न मानकर प्रत्येक धातु की विशेष अवस्था बताया। उन्होंने बताया कि सोने की एक अवस्था भी पारे के समान होती है। पारे का प्रमुख गुण है—दूसरी धातुओं के साथ तुरंत क्रिया करना। पारे को ताँबे, सीसे, चाँदी—यहाँ तक कि सोने—के साथ मिलाने पर भी तुरंत कोमल अमलगम बनता है। एक कुशल कारीगर पारे का प्रयोग धातुओं को साफ करने में भी कर सकता था। बुध यदि शरीर में अधिक समय तक रह जाए तो अनिद्रा, तंत्रिका-तंत्र का क्षय तथा कभी-कभी पैरानॉइड संबंधी समस्याएँ उत्पन्न होने लगती हैं।

न्यूटन के समय में किसी अन्य रसायनविद् ने प्रयोग में आनेवाले पदार्थों तथा रसायनों की नाप-तौल इतनी सूक्ष्मता से नहीं की जितनी सूक्ष्मता से न्यूटन ने की। उन्होंने दाने के एक-चौथाई भाग के बराबर तक रासायनिक पदार्थ की तौल बड़े सटीक ढंग से की। इसी प्रकार उन्होंने समय की गणना भी एकदम ठीक-ठीक की। उन्होंने अपने हर प्रयोग से उत्पन्न रासायनिक पदार्थ को छूकर और यहाँ तक कि चखकर भी देखा, हर गंध को सूँघा। उनकी यह आदत बदली नहीं, जो स्वयं

उनके लिए बड़ी खतरनाक साबित हुई थी।

न्यूटन जीवन और मृत्यु की सारी क्रियाओं की जाँच करना चाहते थे। पेड़-पौधों का उगना और कुछ अन्य क्रियाओं में भी उनकी रुचि जाग्रत् हो रही थी, जैसे—सड़ने की प्रक्रिया। उन्होंने अनेक प्रक्रियाओं को समझने के लिए माइक्रोस्कोप की सहायता भी ली। न्यूटन ने पाया कि प्रकृति की सारी वस्तुएँ नाशवान् हैं, पदार्थों के सड़ने के बाद फिर नए पदार्थ बनते हैं। उनके अनुसार, यह संसार लगातार मरता और दोबारा जन्म लेता रहता है। जीवन-मृत्यु की इस सतत प्रक्रिया को चलाने के लिए अवश्य ही प्रकृति में कोई सक्रिय शक्ति विद्यमान है—शायद प्रकृति की छिपी हुई अग्नि। न्यूटन ने उस शक्ति को प्रकाश-तुल्य माना और उस प्रकाश को ईश्वर। अपने इस विश्वास के लिए उन्होंने तर्क दिया कि आग के संपर्क में आने पर प्रत्येक वस्तु प्रकाश देती है। प्रकाश और ऊष्मा परस्पर एक-दूसरे पर निर्भर हैं। न्यूटन को अपनी आत्मा की गहराई से महसूस होता था कि आग के अतिरिक्त अन्य कोई भी पदार्थ सारी वस्तुओं में इतनी संपूर्णता से व्याप्त नहीं है।

रसायनविद् न्यूटन ने प्रकृति को मशीन की तरह न देखकर जीवन के रूप में देखा। उनके अनुसार, धातुओं का रूपांतरण एवं अन्य रासायनिक क्रियाएँ ईश्वरीय प्रेरणा से ही संभव थीं। न्यूटन के मध्य के दशकों में अध्यात्म और रसायन संयुक्त हो गए थे। नए दार्शनिक विज्ञान को केवल तथ्यों के आधार पर प्रस्तुत करना चाहते थे। उनके अनुसार, प्रकृति में कोई रहस्य या जादू नहीं था, केवल तथ्य और सिद्धांत थे। परंतु फिर भी लोग इसे ईश्वर का करिश्मा मानते थे।

डिस्कार्ट्स ने चुंबकीय बलों जैसी रहस्यमयी क्रियाओं के लिए यांत्रिक बलों की उपस्थिति को कारण बताया। अभी भी दार्शनिक अणुओं के बजाय तारों तथा ग्रहों के अधिक पास थे, अर्थात् उनके पास ग्रहों की स्थिति, उनकी गति आदि को मापने के लिए गणनाएँ तथा

समीकरण थे; परंतु अणुओं के बारे में वे अधिक नहीं जानते थे। न्यूटन तथा अन्य रसायनविदों के मस्तिष्क में एक प्रश्न हमेशा रहता था कि किस प्रकार बहुत से अणु आपस में मिलकर क्रिस्टल्स और लवण बनाते हैं। इससे भी आश्चर्यजनक यह लगता था कि छोटे अणुओं से शुरुआत होकर पेड़-पौधे एवं जानवर किस तरह बने होंगे! कार्टेसियन ने हर प्रक्रिया के लिए एक अलग मेकैनिकल सुझाव दिया; जैसे—हवा के लिए एक सुझाव, पानी के लिए एक अलग सुझाव और अन्य चीजों के लिए ढेरों अन्य सुझाव; पर न्यूटन ने इन सारे सुझावों को केवल 'परिकल्पना' कहा।

ईश्वर ने जीवित वस्तुओं को स्वयं गतिमान रहने के लिए शक्ति प्रदान की है, जो हमारी समझ से परे है। इसी प्रकार की अनेक गतियाँ ब्रह्मांड में विद्यमान हैं, जिनके बारे में हम बहुत कम जानते हैं।

न्यूटन ने इस प्रकृति की हर घटना को, शरीर की विभिन्न प्रणालियों, जैसे—हमारे सोचने मात्र से ही पेशियों का सिकुड़ना और फैलना (से जोड़कर) बहुत गहराई से सोचा।

जब न्यूटन अपनी भट्ठी और क्रूसिबिल पर काम नहीं कर रहे होते थे तब वे रसायन विद्या की पुस्तकों से ज्ञान एकत्र कर रहे होते। उन्होंने स्वयं एक पुस्तक 'इंडेक्स केमीक्स' लिखी, जिसमें पाँच हजार से अधिक संदर्भ थे। वह पांडुलिपि सौ से अधिक पृष्ठों की थी और न्यूटन की मृत्यु के कई वर्षों बाद छुपाकर रखी हुई मिली।

□

नास्तिकता

ट्रिनिटी कॉलेज का फेलो न्यूटन रसायन विद्या के अध्ययन में डूबकर अब भी अपनी रातों की नींद खराब करता हुआ ईसाई धर्मशास्त्री बन रहा था। न्यूटन सन् 1670 के दशक में अध्यात्म में रुचि लेने लगे थे। उन्होंने लैटिन भाषा में अपनी नोटबुक लिखनी आरंभ की, जिसके प्रमुख शीर्षक थे—'क्राइस्ट का जीवन', 'क्राइस्ट के चमत्कार', 'लालसा' आदि। इनमें से कई तो अधूरे ही रह गए। क्राइस्ट का ईश्वर से पिता-पुत्र का संबंध बताया गया है। ये विषय न्यूटन को आकर्षित करते थे।

इंग्लैंड के सभी विश्वविद्यालय ईसाई मिशनरियों द्वारा संचालित होते थे। न्यूटन ने कैंब्रिज में रहते हुए हर वर्ष धर्म के प्रति निष्ठावान् बने रहने की शपथ ली थी। वह ईश्वर में विश्वास करते थे। वे मानते थे कि इस सृष्टि के कर्ता के रूप में ईश्वर सर्वत्र विद्यमान है, अजर-अमर है तथा प्रकृति में होनेवाली सारी क्रियाओं को संचालित करता है। वही हमारी इंद्रिय—आँख, कान, नाक आदि है और हमारे सारे कार्यों को संपन्न कराता है।

न्यूटन के विश्वास और नास्तिकता के बीच यह प्रश्न आने लगा कि यदि ईश्वर अपरिवर्तनीय है तो धर्म क्यों नहीं? न्यूटन ने चर्च का इतिहास खोजा और उसे बार-बार लिखा। उन्होंने 'बाइबल' का अध्ययन किया और भविष्यवाणी के प्रति आकृष्ट होने लगे। उन्होंने एक ऐसा

सूचीपत्र ढूँढ़ निकाला, जिसमें भविष्यवाणी की सत्रह तसवीरें तथा निष्कर्ष निकालने के लिए पंद्रह नियम दिए हुए थे। इन आधारों पर उन्होंने तर्क, दिनांक और संख्याओं की गणना की तथा नए युग के आगमन का गणितीय आकलन किया।

न्यूटन ने हिब्रू स्कॉलरशिप के तहत अध्ययन किया। प्राचीन और आधुनिक धर्मशास्त्रियों की रचनाओं को विस्तार से पढ़ा। धर्म के इतिहास का अध्ययन करते हुए उन्होंने प्राचीन लैटिन, ग्रीक, हिब्रू और फ्रेंच भाषाओं में लिखी 'बाइबल' पुस्तकें एकत्र कीं तथा अंग्रेजी में अनूदित नई 'बाइबल' की तुलना उनसे की।

इतना अध्ययन करने पर न्यूटन को महसूस हुआ कि यीशु की मूल बातों से ईसाइयत बहुत दूर चली गई है तथा आडंबरपूर्ण हो गई है। वे सत्य को ढूँढ़ना चाहते थे, जो पिछले दशकों में अज्ञान के अँधेरे में लुप्त हो गया था।

वास्तविक ज्ञान की तोड़-मरोड़ करनेवालों, धर्म की निंदा करनेवालों, धर्म के ठेकेदारों, यथा राजाओं तथा प्रीस्ट आदि, से उस महान् सच्चे ज्ञान को बचाना आवश्यक समझा गया होगा, इसलिए उसपर परदा डाला गया होगा।

न्यूटन ने अपने धर्म-अध्ययन के दौरान 'येरूशलम' के बारे में विस्तृत रूप से पढ़ा और कहा कि यह अत्यधिक सादगीपूर्ण ढंग से बनाया गया है और इसके विभिन्न भागों में अद्‌भुत समन्वय है।

अब न्यूटन का धर्म में विश्वास डगमगा रहा था। वे इंग्लैंड के चर्च के तत्कालीन विश्वासों को स्वीकार नहीं कर पा रहे थे। उन्हें लगा कि इस रूढ़िवादिता को और अधिक चलने देने से अच्छा है कि कैंब्रिज से त्याग-पत्र दे दिया जाए। इन मामलों में कैथोलिक चर्चों की तुलना में इंग्लैंड का चर्च उदारवादी था। यह खुशी की बात थी कि किंग चार्ल्स द्वितीय ने एक शाही आदेश जारी करके न्यूटन को इस परंपरा से स्वतंत्र

कर दिया कि उन्हें पवित्र आदेशों का पालन करना होगा (जो कैंब्रिज के फेलो के लिए अनिवार्य था)। राजा ने इस आदेश को केवल ल्यूकेशियन प्रोफेसर के लिए ही पारित किया था।

प्लेग की समाप्ति पर जब न्यूटन पुनः कैंब्रिज आए थे तब से शायद ही वापस अपने घर लिंकोशायर गए थे। सन् 1679 में उनकी माँ की तबीयत खराब होने पर वे तुरंत लिंकोशायर लौटे। उन्होंने कैंब्रिज छोड़ दिया और अंतिम समय तक अपनी माँ की सेवा की। वे अपनी जायदाद के उत्तराधिकारी बने। कॉल्स्टर चर्चयार्ड में उन्होंने अपने पिता की कब्र के पास ही अपनी माँ को दफनाकर उन्हें अंतिम विदाई दी। □

खगोलीय पिंडों की पहेली

अगले वर्ष एक धूमकेतु का आगमन हुआ। नवंबर में इंग्लैंड के कुछ लोगों ने सुबह-सुबह आकाश में धुँधला सा कुछ देखा। 12 दिसंबर की रात को न्यूटन ने उसे नंगी आँखों से देखा—एक ऐसा धूमकेतु, जिसकी लंबी पूँछ की चौड़ाई चंद्रमा से भी अधिक थी और किंग्स कॉलेज तक फैली हुई थी। न्यूटन ने सन् 1681 के शुरुआती महीनों की रातों में इसे देखा। रॉयल सोसाइटी के नए फेलो तथा युवा खगोलशास्त्री एडमंड हैली ने न्यूटन की इस बुद्धिमत्ता पर बड़ा आश्चर्य व्यक्त किया। लंदन में रॉबर्ट हुड ने भी इसे कई बार देखा। अटलांटिक महासागर के पास एक नए महाद्वीप पर थोड़े से कॉलोनिस्ट जीवित रहने के लिए संघर्ष कर रहे थे। वहाँ इनक्रीस माथर ने एक सम्मन जारी कर दिया कि 'ईश्वर नाराज है और यह धूमकेतु संसार के लिए स्वर्ग से चेतावनी है।'

सन् 1675 में जॉन फ्लेमस्टीड को राजा ने राजकीय खगोलविद् नियुक्त किया था। वे ग्रीनविच में एक ऊँची पहाड़ी पर बनी वेधशाला द्वारा आकाश में तारों की स्थिति देखते थे और नेवी के नेवीगेशन के लिए तारों के सटीक चाट्र्स बनाते थे। फ्लेमस्टीड ने अपने टेलीस्कोप और सेक्सटेंट की सहायता से कई रातों की मेहनत से वर्ष में लगभग हजार प्रेक्षण लिये, परंतु उन्हें धूमकेतु नहीं दिखा। इंग्लैंड और यूरोप के लोगों ने इसे देखा था और उनके पत्रों के पहुँचने पर फ्लेमस्टीड ने

धूमकेतु की खोज प्रारंभ की।

कैपलर के अनुसार, हर धूमकेतु केवल एक बार ही दिखता है; यह चमकता अतिथि एक बार आता है, आकाश पर अपना सीधा रास्ता तय करता है और कभी न दिखने के लिए दूर चला जाता है।

परंतु सन् 1680 में यूरोप के खगोलशास्त्रियों ने दो धूमकेतु देखे। एक नवंबर में, जो धुँधला सा था तथा बड़े सवेरे ही दिखा और उसके एक महीने बाद दूसरा बड़ा धूमकेतु दिखा, जो मार्च तक आकाश में छाया रहा।

फ्लेमस्टीड ने इनके बारे में अपने विचार और परिकल्पनाएँ, प्रेक्षण आदि न्यूटन को बार-बार भेजे, ताकि न्यूटन के विचार मालूम हो सकें; पर उन्होंने जवाब नहीं दिया। फ्लेमस्टीड ने पुनः प्रयत्न किया। उन्होंने कहा कि सूर्य के वोरटेक्स के संपर्क में आनेवाले प्रत्येक ग्रह-उपग्रह को सूर्य अपनी ओर (शायद चुंबकत्व के कारण) आकर्षित करता है। फ्लेमस्टीड ने सूर्य को एक ऐसे चुंबक की संज्ञा दी जिसके दो ध्रुव हैं—एक आकर्षित करता है और दूसरा विकर्षित। इसी आधार पर वे धूमकेतु का मार्ग समझाना चाहते थे।

इस बार न्यूटन ने उत्तर दिया। सर्वप्रथम तो उन्होंने सूर्य के चुंबकत्व का विरोध किया और कहा कि कोई भी चुंबकीय पदार्थ गरम करने पर अपना चुंबकीय गुण खो देता है तो सूर्य तो काफी गरम है, अतः वह चुंबकीय व्यवहार प्रदर्शित नहीं कर सकता। इसके अतिरिक्त फ्लेमस्टीड का मानना था कि दो बार दिखनेवाला धूमकेतु अलग-अलग नहीं बल्कि एक ही था; जबकि न्यूटन के प्रेक्षणों और गणनाओं ने इस तथ्य को बिलकुल निराधार बताया। उनके अनुसार, वे दोनों धूमकेतु सर्वथा भिन्न थे।

इसी प्रकार हुक और न्यूटन में खगोलीय पिंडों की गतियों पर बहस होती रही। सन् 1679 में उनका विवाद किसी पिंड के धरती के

केंद्र तक गिरने पर भी था। दोनों ही पिंडों के मध्य खगोलीय आकर्षण बल के बारे में सोच रहे थे, जो ग्रहों को सूर्य से और उपग्रहों या चंद्रमाओं को ग्रहों से जोड़ता था। हुक तथा न्यूटन दोनों गुरुत्वाकर्षण के बारे में लिख रहे थे। इनके संबंध में हुक ने कई बार न्यूटन से पत्राचार करने की कोशिश की, परंतु उन्हें कोई उत्तर नहीं मिला। चार वर्षों के उपरांत एडमंड हैली कैंब्रिज विश्वविद्यालय गए। इसके पहले एडमंड हैली कॉफी हाउसों में हुक तथा आर्किटेक्ट क्रिस्टोफर ब्रैन के साथ ग्रहों की गति के संबंध में विचार-विमर्श किया करते थे। गुरुत्वाकर्षण के इन्वर्स-स्क्वेयर नियम (विलोम-वर्ग नियम) के बारे में हर वैज्ञानिक सिद्ध करना चाहता था कि वही उसका वास्तविक जन्मदाता है।

अगस्त 1684 में हैली ने न्यूटन से मिलकर प्रत्यक्ष रूप से कई प्रश्न पूछे—व्युत्क्रम अनुपात (inverse squar℮) के नियम को ध्यान में रखते हुए सूर्य की ओर किसी ग्रह का पथ किस प्रकार का होगा? न्यूटन ने कहा कि उसका मार्ग दीर्घवृत्तीय होगा और कई महीने गुजरने के बाद वह परिभाषाएँ लिखने में जुट गए। उस समय वे केवल लैटिन भाषा में ही लिख रहे थे। उन्होंने फ्लेमस्टीड से खगोलीय पिंडों के बारे में और आँकड़े माँगे। न्यूटन ने पहले दो प्रमुख तारों के बारे में जानकारी चाही, पर फ्लेमस्टीड जल्द ही समझ गए कि उन्हें धूमकेतु से संबंधित जानकारी चाहिए। न्यूटन अपना पत्र प्रकाशित करने से पहले बृहस्पति के उपग्रहों की संख्या जानना चाहते थे। आश्चर्य की बात है कि वे समुद्र में आए ज्वार-भाटों के विषय में भी जानना चाहते थे। न्यूटन के अनुसार यदि वे ब्रह्मांडीय नियम प्रतिपादित करेंगे तो संसार में सारे पिंडों पर वे लागू होंगे, अतएव सब प्रकार के आँकड़ों का ज्ञान आवश्यक था।

अब न्यूटन की रसायन प्रयोगों की भट्ठी ठंडी पड़ चुकी थी। आध्यात्मिक पांडुलिपियाँ अलमारियों में रख दी गई थीं। न्यूटन पर एक प्रकार का जुनून सवार हो गया था। वे अपने कमरे में ही खाना खा लेते

थे, खड़े-खड़े ही (एक डेस्क पर) लिखते रहते थे, अधिकतर अपने कमरे में ही बंद रहते थे। यदि कभी बाहर घूमने भी जाते तो चलते-चलते अचानक रुक जाते, अपने में खोए-खोए से रहते और पुनः अपने कमरे में वापस लौट जाते। कमरे में उनकी पांडुलिपियों के हजारों पेज चारों ओर बिखरे रहते। उन्होंने इस प्रकार पहले कभी नहीं लिखा था। वे गतियों की प्रक्रिया से प्रकृति की शक्तियों को खोजने की कोशिश कर रहे थे तथा फिर इन शक्तियों द्वारा अन्य प्रक्रियाओं को समझा रहे थे। उनके प्रत्येक कार्य में दार्शनिकता झलकती थी, वैसे भी विज्ञान को समाज और जीवन से जोड़ने के लिए दार्शनिकता की आवश्यकता होती है।

हमारी आँखें केवल सापेक्ष गतियाँ ही देखती हैं, जैसे कि एक नाविक की गति उसके जहाज पर तथा जहाज की गति धरती पर, धरती भी ब्रह्मांड के सापेक्ष घूमती है।

समय, स्थान, ब्रह्मांड एवं गति—इन शब्दों को न्यूटन ने नई व्याख्या दी, जिन्हें साधारण व्यक्ति भी समझ सके। इन्हीं शब्दों को लेकर न्यूटन ने अपना पहला नियम भी प्रतिपादित किया।

□

न्यूटन के नियम

न्यूटन ने प्रकृति में हो रही विभिन्न घटनाओं के लिए नियम प्रतिपादित किए, जो उनके गहन अध्ययन और प्रयोगों पर आधारित थे—

न्यूटन के गति के नियम (Newton's Law of Motion)

1. **पहला नियम**—प्रत्येक वस्तु अपनी स्थिति में तब तक रहती है जब तक उसपर कोई बाहरी बल नहीं लगाया जाए, अर्थात् यदि कोई वस्तु गतिशील है तो वह गतिशील ही रहेगी अथवा स्थिर है तो स्थिर ही रहेगी, जब तक कि उसपर कोई बाह्य बल आरोपित न किया जाए। इसे 'जड़त्व का नियम' (law of inertia) भी कहते हैं।
2. **द्वितीय नियम**—किसी वस्तु की गति में परिवर्तन उसपर लगनेवाले बल का समानुपाती होता है तथा लगाए गए बल की दिशा में होता है।
3. **तृतीय नियम**—प्रत्येक क्रिया की उसके बराबर एवं विपरीत प्रतिक्रिया होती है।

इनके अतिरिक्त न्यूटन ने बताया कि प्रकृति में भी कुछ बल उपस्थित होते हैं, जिनमें से एक को गुरुत्वाकर्षण के नाम से जाना गया।

न्यूटन के अनुसार गुरुत्वाकर्षण सर्वव्याप्त है तथा ब्रह्मांड में स्थित सारे पिंड एक-दूसरे को इसी बल से आकर्षित करते हैं। उन्होंने गुरुत्व को गणितीय प्रमेयों द्वारा भी सिद्ध किया। उन्हें ब्रह्मांडीय गतियों से सदैव प्रेरणा मिली। उन प्रेक्षणों के आधार पर उन्होंने बलों की व्याख्या की। सन् 1666 में न्यूटन ने कहा कि पृथ्वी अपने अपकेंद्री बल को संतुलित करने के लिए चंद्रमा पर भी गुरुत्वाकर्षण आरोपित करती है। इस अपकेंद्री बल तथा कैपलर के ग्रहीय गति के नियम को संयुक्त करके न्यूटन ने गुरुत्वाकर्षण का व्युत्क्रम वर्ग नियम प्रतिपादित किया। न्यूटन ने गुरुत्वाकर्षण का सार्वत्रिक नियम तेईस वर्ष की छोटी उम्र में खोज लिया था, जबकि उसका प्रकाशन कई वर्षों बाद हुआ।

न्यूटन के मस्तिष्क में सबसे पहले गुरुत्व की बात कहाँ से आई—वुल्सथॉर्प स्थित बगीचे में पेड़ की डाल से गिरते हुए सेब को देखकर? 'गुरुत्वाकर्षण' शब्द हमारे सामने आते ही सारी कहानी न्यूटन के साथ हमारे मानस-पटल पर अंकित हो जाती है।

कैलकुलस—न्यूटन की वैज्ञानिक जिज्ञासाओं का परिणाम था—डिफरेंशियल कैलकुलस। इसकी सहायता से हर प्रकार की यांत्रिक तथा हाइड्रोनॉमिक समस्या हल की गई। धीरे-धीरे यह लगभग संपूर्ण मेकैनिकल इंजीनियरिंग के लिए उपयोग में आने लगा। वास्तव में विज्ञान के क्षेत्र में यह टेलीस्कोप के समान उपयोगी और आश्चर्यजनक सिद्ध हुआ।

डिफरेंशियल कैलकुलस, जिसे न्यूटन फ्लक्सिऑन्स की थ्योरी (theory of Fluxions) भी कहते थे, सन् 1666 में ही न्यूटन द्वारा विकसित कर लिया गया था; परंतु 1704 में न्यूटन की 'ऑप्टिक्स' पुस्तक में 'सपौंडिक्स' के रूप में प्रकाशित हो पाई। इस सिद्धांत के जन्मदाता संबंधी विवाद में न्यूटन-लिबनिज विवाद जग-जाहिर है।

न्यूटन ने बताया कि पृथ्वी का घनत्व जल के घनत्व से 5 से 6 गुना

अधिक है और आधुनिक वैज्ञानिकों ने इसे 5.5 पाया है।

कई पीढ़ियों के वैज्ञानिकों तथा विद्वानों ने न्यूटन के काम की सराहना करते हुए कहा कि न्यूटन का काम मानवीय मस्तिष्क, शक्ति और अनुभव की सारी सीमाएँ लाँघकर आगे निकल गया है।

न्यूटन का प्रकाश का सिद्धांत (Newton's Light Theory)

यह सन् 1704 में प्रकाशित हुआ, जिसके अनुसार प्रकाश छोटे-छोटे कणों से मिलकर बना है। यह कणिका सिद्धांत उन्नीसवीं सदी तक 'ऑप्टिक्स' पर छाया रहा, जब तक कि 'तरंग सिद्धांत' द्वारा इसका स्थान नहीं ले लिया गया। वैसे सामान्य तौर पर न्यूटन के प्रकाश की थ्योरी बीसवीं सदी तक मानी जाती रही, जब तक कि आइंस्टीन ने प्रयोगों द्वारा प्रकाश को एक विद्युत् चुंबकीय तरंग सिद्ध नहीं कर दिया।

'इतिहास में विज्ञान' पुस्तक में प्रो. बरनल ने लिखा है—

'न्यूटन के गुरुत्वाकर्षण के नियम तथा खगोलशास्त्र में उनके योगदान ने कॉपरनिकस द्वारा प्रारंभ की गई दुनिया का नक्शा ही बदल दिया। खगोलीय पिंडों की गति के बारे में माना जाता था कि ईश्वर के आदेश से एंजेलिक लड़के उन्हें चला रहे हैं। न्यूटन ने सरल प्राकृतिक नियम बताकर इस अज्ञानता को प्रकृति के ही नियम से प्रतिस्थापित किया।'

□

अमूल्य उपहार : 'प्रिंसिपिया'

सन् 1684 में जब हैली कैंब्रिज आए तब तक न्यूटन 'व्युत्क्रम वर्ग नियम तथा एलिप्टिकल ऑरबिट्स' (Inverse Square Law and Elliptical Orbits) के मध्य संबंध स्पष्ट कर चुके थे। हैली के अचरज और खुशी का ठिकाना नहीं था कि जिन बातों को हैली अथवा अन्य लोग समझ नहीं पाए वहाँ न्यूटन सफल हो रहे थे। हैली ने न्यूटन को प्रकाशन के लिए काफी प्रोत्साहित किया। हैली ने स्वयं उनकी पुस्तक 'प्रिंसिपिया' के प्रकाशन का खर्च उठाया और जुलाई 1687 में 'प्रिंसिपिया' के प्रकाशन की घोषणा कर दी। मानव समाज के लिए 'प्रिंसिपिया' एक अमूल्य उपहार है। न्यूटन का यह महत्त्वपूर्ण ग्रंथ तीन खंडों में बाँटा गया है। प्रथम खंड में आठ परिभाषाएँ तथा न्यूटन के गति के तीन नियम हैं। इनके बारे में हम पूर्व में लिख चुके हैं। फिर भी इनके उल्लेख के बिना न्यूटन पर कोई विचार-विमर्श करना बेमानी है। दूसरे खंड में न्यूटन ने द्रवों की गति तथा रुकावट वाले द्रवों में गुजरते समय पदार्थों/पिंडों की गति के संबंध में चर्चा की है। इसमें उन्होंने यह भी कहा है कि डिस्कार्ट्स द्वारा वर्णित वोर्टिसेस, जो ग्रहों की गति के लिए जिम्मेदार था, स्वयं अपना अस्तित्व नहीं बनाए रख सकता तथा वोर्टेक्स थ्योरी का कैपलर के ग्रहीय नियमों से भी कोई मेल नहीं है। तीसरा खंड, जिसका उपशीर्षक था—'संसार की व्यवस्था', इसके अंतर्गत न्यूटन ने अपने

गति के नियमों को संसार के खाँचे तक विस्तारित किया। उन्होंने सार्वत्रिक गुरुत्वाकर्षण नियम की व्याख्या की। उनके अनुसार, ब्रह्मांड में ग्रह, उपग्रह और उनके चंद्रमा—सब पर गुरुत्वाकर्षण का नियम लागू होता है। इस नियम की शक्ति दिखाने के लिए न्यूटन ने ग्रहों और उनके चंद्रमाओं की गति, दिन-रात बराबर होने की तिथि (जो साल में दो बार ही होता है) इक्वीनॉक्सेस (Equinoxes), ज्वार की क्रिया (Action of Tides) तथा धूमकेतु की गति (Motions of Comets) आदि सबको समझाने के लिए गुरुत्वीय आकर्षण का प्रयोग किया। 'प्रिंसिपिया' ने आधुनिक वैज्ञानिक जगत् को भौतिकशास्त्र एवं बौद्धिकता के लिए आधार प्रदान किया।

शताब्दी के प्रारंभ में ही बेकन ने कहा कि सारे मेकैनिक, गणितज्ञ, रसायनविद्, वैज्ञानिक इस प्रकृति में डूबकर कार्य करें, प्रकृति को गहराई से जानें, प्रकृति से संवाद स्थापित करें। उस समय वैज्ञानिकों के लिए कोई प्रोटोटाइप तैयार नहीं था।

'प्रिंसिपिया' के प्रकाशन के साथ ही बयालीस वर्षीय न्यूटन काफी लोकप्रिय हो गए थे और धीरे-धीरे वे अठारहवीं शताब्दी के महत्त्वपूर्ण स्तंभ बन गए थे। हैली ने एक परिचयात्मक गीति-काव्य भी लिखा—'हमारे समय और हमारे राष्ट्र के उस महान् रत्न के लिए एक गणित-भौतिकी विवेचनात्मक निबंध।' हैली ने पुस्तक की एक प्रति राजा को भी भेजी। उन्होंने लिखा—'इस पुस्तक में दृश्य संसार की विभिन्न खोजें हैं और साथ हैं कुछ पुराने विवाद। यदि प्रिंस इसे पढ़ना उचित समझें तो यह उनकी महानता होगी।' उसे और अधिक सरल बनाने के लिए ज्वार-भाटा से संबंधित सारांश भी उसमें दिया गया था।

हैली ने समझाया कि इसमें एकमात्र सिद्धांत, जो सर्वत्र सत्य है वह है गुरुत्वाकर्षण का सिद्धांत, जिसके कारण पृथ्वी पर स्थित सारी वस्तुएँ नीचे की ओर गिरती हैं। सूर्य, चंद्रमा और अन्य ग्रहों पर भी उनका

अपना गुरुत्वीय बल विद्यमान है। दूरी बढ़ने के साथ यह बल वर्ग के उलटे अनुपात में घटता जाता है। बहुत अधिक दूरी बढ़ने पर भार और गिरने की दर दोनों बहुत कम हो जाते हैं, परंतु शून्य नहीं होते।

जेम्स द्वितीय के अपने भाई से सिंहासन लेने से पहले लॉर्ड हाई एडमिरल था। वह अपनी छोटी सी सत्ता में केवल एक काम कर रहा था—इंग्लैंड को रोमन कैथोलिज्म की ओर मोड़ने का। अपनी इस इच्छा को वह सेना, न्यायालय, प्रिवी काउंसिल तथा विश्वविद्यालयों पर भी जबरन लाद रहा था। कैंब्रिज में न्यूटन को उसने अपना प्रबल विरोधी बना लिया था।

राजा ने प्रोटेस्टेनिज्म पर अपने अधिकार का प्रयोग करते हुए राजकीय आदेश जारी कर दिए, जिसके तहत कैथोलिक लोगों को कॉलेज फेलो तथा कॉलेज ऑफिसर नियुक्त किया जाने लगा। तनाव बढ़ने लगा। कैंब्रिज के कानूनों तथा संस्कृति में ईसाई धर्म की निंदा लिखी गई। फरवरी 1687 में संघर्ष शुरू हुआ। जब जेम्स ने आदेशित किया कि एक प्रतिबंधित संन्यासी को बिना परीक्षाएँ दिए तथा एंग्लिकन चर्च से शपथ लिये बिना 'मास्टर ऑफ आर्ट्स' की उपाधि प्रदान की जाए। विश्वविद्यालय के कर्मचारी गुस्से से उबल पड़े। गणित के प्रोफेसर भी इस झगड़े के बीच में आ गए; वे एक साहसी पुरितन, मूर्तिपूजा तथा दुराचार के प्रबल विरोधी थे; वे कोई और नहीं, न्यूटन ही थे। उन्होंने रानी एलिजाबेथ का विश्वविद्यालय के लिए चार्टर, सम्मिलन का ऐक्ट, विधिक संविदा तथा पत्रों के पेटेंट से संबंधित विषय-सामग्री का अध्ययन किया था। उन्होंने कैंब्रिज तथा उसके कुलपति को कानून का पालन एवं राजा से मुकाबला करने के लिए प्रेरित किया। 'जो राजा से सलाह-मशवरा करते हैं तथा विश्वविद्यालय की अवहेलना करते हैं, वे मेरे सच्चे मित्र नहीं हो सकते। अत: साहसी बनो और ईमानदारी से कानून का पालन करो। इन सब मामलों में एक सच्चा साहस ही हमें सुरक्षित

रखेगा और कानून को हमारे पक्ष में रखेगा।'

इस विवाद के निर्णय के पूर्व ही कैंब्रिज के कुलपति को आदेश की अवहेलना के आरोप में बेदखल कर दिया गया; परंतु बेनेडिक्टन को डिग्री फिर भी नहीं मिल पाई।

कैंब्रिज की क्रांति वेला सारे राष्ट्र के लिए क्रांति वेला बन गई थी। इंग्लैंड की कष्टप्रद एवं दुःखी आत्मा में प्रोटेस्टेनिज्म ने कानून और स्वतंत्रता का प्रतिनिधित्व किया। पोप-प्रधान धर्म का अर्थ था निरंकुश शासन और दासता। पूरे राज्य को कैथोलिक बनाने के जेम्स के दृढ़ निश्चय ने स्टुअर्ट की विधानसभा भंग कर दी। दो वर्षों के अंदर ही एक डच जहाजी बेड़े ने बँटे हुए इंग्लैंड पर अधिकार कर लिया। जेम्स फ्रांस भाग गया तथा वेस्टमिंस्टर में नई संसद् ने शपथ ग्रहण कर ली। विश्वविद्यालय के सीनेट ने कैंब्रिज का प्रतिनिधित्व करने के लिए संसद् सदस्य के रूप में सर आइजक न्यूटन को चुना। उसी समय सत्ता की कुछ सीमाएँ निर्धारित की गईं, यथा—शांतिकाल में सैनिकों की तैनाती समाप्त तथा अधिकारों का एक घोषणा-पत्र लागू किया गया। प्राचीन समय से लोग राजा को सर्वेसर्वा तथा जनता को उनका सेवक मानते थे। परंतु न्यूटन मानते थे कि प्रकृति के कानून के अनुसार हम सब स्वतंत्र हैं।

'प्रिंसिपिया' और न्यूटन की ख्याति चारों ओर फैल रही थी। कॉफी हाउसों से लेकर विदेशों तक उनकी चर्चा थी। वे अब रॉयल सोसाइटी की बैठकों में भाग लेते थे और अब उनकी शामें भी सामाजिक होने लगी थीं। कभी-कभार वे ओपेरा का भी आनंद लेते थे। उनकी मुलाकात क्रिश्चियन ह्यूजेम्स, रॉयल सोसाइटी के अध्यक्ष सैमुअल पैदीस, एक स्विस युवा गणितज्ञ निकोलस फेटिओ डि डुलियर और दार्शनिक जॉन लॉक के साथ हुई तथा प्रगाढ़ मित्रता भी स्थापित हो गई। 'प्रिंसिपिया' के बारे में ह्यूजेम्स की कुछ सीमाएँ अब भी थीं, परंतु

गणितीय चीजों के बारे में सख्ती नहीं थी। उन्हें काफी आगे बढ़ाया गया। ह्यूजेम्स के मित्र केटिओ ने बड़े उत्साहपूर्वक कार्टेसियनवाद को न्यूटनवाद में परिवर्तित कर दिया। न्यूटन और ह्यूजेम्स के बीच केटिओ एक सूचना की कड़ी के रूप में काम कर रहे थे, साथ ही 'प्रिंसिपिया' के संशोधित संस्करण के लिए आँकड़ों को एकत्र करने का कार्य भी कर रहे थे। न्यूटन इस युवा वैज्ञानिक के प्रति सच्चा स्नेह रखने लगे थे तथा उन्हें अपने साथ लंदन और कैंब्रिज भी ले गए।

लॉक ने उसी दौरान स्वयं का एक बड़ा कार्य पूरा किया था— 'मानवीय समझ से संबंधित निबंध'। लॉक और न्यूटन अध्यात्म पर आपस में काफी विचार-विमर्श करते रहते थे। इस दौरान लॉक को न्यूटन के 'बाइबल' संबंधी अद्वितीय ज्ञान पर काफी आश्चर्य हुआ और दोनों की इस आदर्श और तर्कपूर्ण चर्चाओं ने उन्हें सहयोगी बना दिया था। न्यूटन ने लॉक को काफी लंबे-लंबे पत्र लिखे। उन्हें लॉक की दूरदर्शिता और समझदारी पर पूरा भरोसा था।

इसी बीच पेपीस, जो लंदन के क्लबों और जुए की टेबलों पर अपनी कहानियाँ गढ़ रहे थे, न्यूटन से दार्शनिकता पर प्रश्न पूछने आए। वह धन के लिए डाइस फेंकते थे और इसी संबंध में उनसे गणितीय मार्गदर्शन चाहते थे।

न्यूटन ने कुछ रकम लेकर उनका मार्गदर्शन किया। इन सारे व्यक्तियों ने अपने मित्रवत् संबंधों का फायदा उठाकर बड़े ही सुनियोजित ढंग से शहर में न्यूटन की एक लाभदायक और सम्मानजनक नियुक्ति करा दी। न्यूटन इन सब बातों से संकोच करते थे और कहते थे कि लंदन की आबोहवा और रहन-सहन की उनके व्यक्तित्व से कोई समानता नहीं है।

शताब्दी के उत्तरार्ध में लंदन सुख-समृद्धि में फल-फूल रहा था। ईंट की दीवारोंवाले हजारों पक्के घर बनाए जा रहे थे। क्रिस्टोफर व्रेव ने

एक नई सेंट पॉल कैथेड्रल का निर्माण किया, सड़कें और गलियाँ चौड़ी की गईं। व्यापारिक केंद्र के रूप में यह शहर अब पेरिस और एम्सटर्डम के मुकाबले खड़ा हो गया था। संसार की वित्तीय राजधानी के रूप में भी यह स्थापित हो रहा था। इंग्लैंड का व्यापार और उत्पादन पहले से अधिक अब इस शहरी इलाके में केंद्रित हो गया था। सूचना का प्रवाह अचानक इतनी तेजी से हो रहा था जैसा पहले कभी नहीं हुआ था। समाचार-पत्रों की हजारों प्रतियाँ बिक रही थीं। व्यापारी गजट तैयार कर रहे थे तथा खगोलशास्त्री तिथिवार पंचांग बनाने का कार्य कर रहे थे। डेनियल डिफोय ने 'प्लेग वर्षों' का हवाला देते हुए लिखा है—'उस जमाने में समाचार-पत्रों की छपाई नहीं होने से अफवाहें फैलाना तथा अन्य जरूरी सूचनाएँ लोगों तक इतनी तेजी से पहुँचाना संभव नहीं था जितनी तीव्रता से आज पूरे देश में खबरें फैलती हैं।' यह तो सर्वविदित हो चुका था कि ज्ञान का अर्थ है शक्ति, चाहे वह ज्ञान संख्याओं का हो अथवा तारों का। गणितीय और खगोलीय ज्ञान को रॉयल सोसाइटी के अतिरिक्त उससे भी बड़ा आश्रय प्राप्त था—नेवी और युद्ध-सामग्रीवाले ऑफिस का। अनेक साप्ताहिक पत्र-पत्रिकाएँ प्रकाशित होने लगी थीं।

केवल 'प्रिंसिपिया' की ही लगभग 1 हजार प्रतियाँ छप चुकी थीं। सन् 1688 के वसंत और गरमियों में प्रकाशित तीन नए जर्नल्स (पत्रिकाओं) में गुमनाम समीक्षाएँ छपीं और 'प्रिंसिपिया' की ख्याति और अधिक फैल गई। जब मारक्वीस-डिल-हॉपीटल ने आश्चर्य व्यक्त किया था कि कोई क्यों नहीं जानता कि किसी पदार्थ की आकृति कैसी होनी चाहिए, ताकि वह न्यूनतम रुकावट के साथ किसी द्रव में गुजर सके, तब स्कॉटिश गणितज्ञ जॉन ऑरबथनॉट ने उन्हें बताया कि इसका उत्तर भी न्यूटन की 'प्रिंसिपिया' नामक पुस्तक में दिया गया है। वह खुशी से चिल्ला उठे—'हे ईश्वर! इस पुस्तक में तो ज्ञान का खजाना है। वह व्यक्ति (न्यूटन) क्या खाता है, पीता है और कब सोता है? क्या वह

अन्य लोगों की तरह ही है?'

अपार लोकप्रियता के बावजूद न्यूटन ने 'प्रिंसिपिया' पर कार्य करना नहीं छोड़ा। वे दूसरे संस्करण की तैयारी कर रहे थे। उन्होंने ग्रीक साहित्य में से अनेक वैज्ञानिक तथ्य निकालकर लोगों के सामने रखे और बताया कि प्राचीन लोग गुरुत्वाकर्षण, यहाँ तक कि व्युत्क्रम-वर्ग नियम के बारे में भी जानते थे। इस तरह उन्होंने प्राचीन ग्रीक साहित्य को पुनः चमका दिया। वे लगातार प्रयोगों के बारे में मनन करते रहते थे। उन्होंने चंद्रमा की गतियों के बारे में अपनी 'कॉम्प्लेक्स थ्योरी' (Complex Theory) के लिए भी नए आँकड़े एकत्रित किए। अपनी पुस्तक के द्वितीय संस्करण के लिए वे न केवल छपाई की गलतियों को सुधार रहे थे। बल्कि पुराने भागों की पुनः ड्राफ्टिंग कर रहे थे, साथ ही दार्शनिकता के अपने नियमों को परिष्कृत रूप में लिख रहे थे। गुरुत्वाकर्षण के वास्तविक स्वरूप को जानने के लिए भी उन्होंने सतत संघर्ष किया। वे यह स्वीकार नहीं कर पा रहे थे कि कोई एक निर्जीव पदार्थ किसी दूसरे पदार्थ के संपर्क में आए बिना उसे चला सकता है, प्रभावित कर सकता है। उन्होंने एक पत्र में लिखा—'गुरुत्वाकर्षण अवश्य ही किसी एजेंट के माध्यम के कारण होता है तथा कुछ नियमों द्वारा लगातार कार्य करता है; परंतु यह एजेंट सांसारिक है अथवा नहीं, यह एक प्रश्न है और इसे मैं अपने पाठकों पर छोड़ता हूँ।'

न्यूटन द्वारा लिखित अनेक प्रारूप उनके जीवित रहते प्रकाश में नहीं आए। उन्हीं में से एक में उन्होंने लिखा है—'यदि समय का प्रत्येक क्षण विद्यमान है तो ईश्वर का अस्तित्व कैसे असंभव है! इस सारे ब्रह्मांड और सौरमंडल को चलाने के लिए एक सक्रिय ईश्वर अवश्य ही विद्यमान होगा, अन्यथा संसार में उपस्थित पदार्थ या तो एक समान रूप से नष्ट हो जाएगा अथवा एक स्थान पर एकत्र होकर एक बड़ा द्रव्यमान (पिंड) बना लेगा। ऊर्जा और ऊष्मा से भरा हुआ चमकता

सूर्य, रात का अँधेरा और धरती पर बिखरी प्रकृति के विभिन्न रूपों की छवि—इन सबके होने में केवल प्राकृतिक कारण ही उत्तरदायी नहीं है, बल्कि कोई सूत्रधार अथवा संचालनकर्ता अवश्य है।

पता नहीं न्यूटन अन्य व्यक्तियों की तरह थे या नहीं, पर इतना अवश्य है कि सन् 1693 की गरमियों से वे कम मात्रा में भोजन ले रहे थे और कम सो पा रहे थे, जिसका असर उनके स्वास्थ्य पर पड़ना ही था। अब तक वे पचास वर्ष की आयु पार कर चुके थे। अभी भी पूरी तरह अपना मन कैंब्रिज के प्रशंसकों या लंदन में से किसी एक जगह स्थिर नहीं रख पा रहे थे। हालाँकि कैंब्रिज में अभी भी उनका पद सुरक्षित था, पर अब वे व्याख्यान देने कम ही जाते थे। लंदन में न्यूटन का मुख्य आकर्षण ऐसे पदों के लिए था जिन्हें राजा का संरक्षण प्राप्त होता है, अर्थात् दूसरों के साथ रॉयल मिंट में एक पद; परंतु वे स्वयं की इच्छाएँ पूर्ण रूप से नहीं जानते थे। चूँकि प्रारंभ से ही न्यूटन का स्वभाव मैत्रीपूर्ण नहीं था, उनके मित्र भी नहीं थे, इसलिए अब उन्हें नए मित्रों के साथ संबंध बनाए रखना कठिन प्रतीत हो रहा था। फेटिओ (मित्र) की बीमारी ने उन्हें बहुत पीड़ा पहुँचाई—'मुझे पीड़ादायी जुकाम हो गया है, जो मेरे फेफड़ों तक पहुँच गया है। मेरा सिर चकराता रहता है···। यदि मुझे इस जीवन को त्यागना पड़ेगा तो मेरी इच्छा होगी कि मेरे बाद मेरे सबसे बड़े भाई मित्रता में तुम्हारा साथ दें।' इसके बाद अचानक दोनों की मित्रता समाप्त हो गई और फेटिओ स्विट्जरलैंड लौट गए। वे साठ वर्ष और जीवित रहे।

रात में वैवाहिक जीवन की इच्छाएँ-भावनाएँ न्यूटन को बेचैन कर देती थीं। प्रारंभ से ही वे संयमी स्वभाव के थे, अतः इस बेचैनी से उबरने के लिए उन्होंने एक बुद्धिमत्तापूर्ण कार्यक्रम बनाया।

'सात्त्विक रहने का अर्थ यह नहीं है कि आप पूरे समय असंयमित विचारों से ही सीधे संघर्षरत रहें, बल्कि अपना मन किसी काम में

लगाकर, पढ़कर, ध्यान करके अथवा अन्य किसी प्रकार से इन अवांछित विचारों को दूर कर सकते हैं।'

परंतु फिर भी अवांछनीय विचार आते ही रहे।

हालाँकि उनकी संन्यासी वृत्ति बनी ही रही, पर उनकी मानसिक अवस्था के बारे में चारों ओर अफवाहें उड़ने लगीं। जबकि कुछ वर्षों पूर्व तक न्यूटन को उनके नाम से कोई नहीं जानता था।

यौन और महत्त्वाकांक्षा, उलझन, बुद्धिमत्ता—एक साथ इन सब बातों (साथ ही पागलपन) के लिए न्यूटन चर्चा में थे। ये अननुमेय गुण एक-दूसरे को पुष्ट कर रहे थे। फिर भी पतझड़ आने तक न्यूटन पुनः अपने गणितीय अध्ययन में जुट गए। वे प्राचीन ज्यामितीय विश्लेषण को व्यवस्थित कर रहे थे। न्यूटन के अनुसार, वे पुनः खोज एवं पुनर्निर्माण का कार्य कर रहे थे और यह सही भी था, क्योंकि इसके पहले किसी ने भी प्राचीन वैज्ञानिक रहस्यों पर से परदा नहीं उठाया था। उनके संग्रह में खोई हुई धूल धूसरित पांडुलिपियाँ मिलीं।

न्यूटन ने लिखा है कि आधुनिक एल्जेब्रा की तुलना में ज्यामिति का प्राचीन विश्लेषण अधिक सरल और सटीक है। न्यूटन के सर्वथा नवीन अध्ययन एक बार पुनः केवल न्यूटन के ही होकर रह गए। केवल कुछ अपवादों को छोड़कर उनके लेख उनके व्यक्तिगत कागजों में दबकर रह गए थे। बाद में एक फेलो ने बताया कि ऑक्सफोर्ड विश्वविद्यालय में कुछ उत्साही छात्रों ने न्यूटन के नियम पर ख़गोलीय व्याख्यान सुने थे, जबकि कैंब्रिज में अभी भी छात्र कार्टेसियन परिकल्पना पढ़ रहे थे।

यूरोप महाद्वीप में न्यूटन के विचार वहाँ के दार्शनिकों को प्रेरित कर रहे थे कि वे अपने सिद्धांतों को पुनर्निर्मित करें। ह्यूजेंस आह्लादित थे कि न्यूटन ने वॉरिसेज को नष्ट कर दिया—एक जर्मन गणितज्ञ और कूटनीतिज्ञ गॉटफ्राइड लिबनिज, जो ग्रहीय डायनामिक्स पर अपना शोध-पत्र प्रकाशित

कराने जा रहे थे, उनसे भी गुरुत्वाकर्षण पर बहस हुई। न्यूटन का अयांत्रिकीय गुरुत्वाकर्षण उन्हें भयभीत कर रहा था। लिबनिज के अनुसार कोई भी चीज बिना कारण नहीं होती; कुछ लोग मानते हैं कि धरती के केंद्र में स्थिर भार की ओर वस्तुएँ आकर्षित होती हैं। कुछ लोग किसी विशेष लगाव के कारण इसकी ओर ललचाते हैं; परंतु कोई भी कारण इस सत्य को नहीं झुठला सकता कि ऊपर फेंका गया पत्थर धरती पर नीचे ही गिरता है। लिबनिज को एक और वर्ष लग गया जब वे स्वयं न्यूटन से मिलने का साहस जुटा पाए। उन्होंने एक बड़े कागज पर बड़े-बड़े अक्षरों में न्यूटन को सलाम लिखा—'Illustri viro ISAACO NEYTONO.'

लिबनिज ने न्यूटन को बहुत महान् दार्शनिक बताते हुए कहा कि वह भी नए प्रकार के गणितीय विश्लेषण द्वारा ज्यामिति को बढ़ाना चाहते हैं; पर अंतिम रूप देने में उन्हें न्यूटन की सहायता चाहिए। 'मैं अभी भी आपसे कुछ बड़ा पाने की उम्मींद रखता हूँ।' लिबनिज ने स्वीकार किया कि न्यूटन के प्रकाशित पत्रों के लिए सब जगह उन्होंने काफी खोज की, पर वे उन्हें नहीं मिले। केवल अंग्रेजी किताबों के एक सूची-पत्र में उन्हें न्यूटन का नाम मिला, पर वे कोई और न्यूटन थे।

गणित के अतिरिक्त न्यूटन 'प्रिंसिपिया' में अधूरी छोड़ी गई एक और समस्या पर भी विचार कर रहे थे—'चंद्रमा की गतियों पर एक संपूर्ण सिद्धांत'। न्यूटन के मस्तिष्क में 'प्रिंसिपिया' का पुनः संशोधित संस्करण का विचार था और इसके लिए उन्हें और भी आँकड़े चाहिए थे। इसका अर्थ था शाही खगोलशास्त्री से मिलना। सन् 1694 की गरमियों के आखिर में न्यूटन एक छोटी सी नाव द्वारा थेम्स नदी को पार करके पहली बार फ्लेमस्टीड से मिलने ग्रीनविच गए; परंतु फ्लेमस्टीड उनसे मिलने के इच्छुक नहीं थे और अपने आँकड़े छुपाकर

रखना चाहते थे, क्योंकि वह इन्हें अपनी व्यक्तिगत संपत्ति समझते थे। न्यूटन ने फ्लेमस्टीड से आग्रह किया और फिर दबाव डालकर समझाया भी कि ये आँकड़े तुम्हें प्रसिद्ध कर देंगे। तुम्हारे जैसा प्रेक्षणकर्ता शायद ही संसार में कोई होगा। लेकिन बिना सिद्धांत के ये भी उसी ढेर में फेंक दिए जाएँगे जहाँ अन्य प्रेक्षणकर्ताओं के आँकड़े/शोध एकत्रित किए गए हैं। वास्तव में इन दोनों को एक-दूसरे की आवश्यकता थी। पूरे इंग्लैंड में फ्लेमस्टीड के अतिरिक्त अन्य कोई भी न्यूटन को ये आँकड़े उपलब्ध नहीं करा सकता था तथा बिना थ्योरी के फ्लेमस्टीड के कार्य को कोई मान्यता नहीं मिलनेवाली थी; पर वे एक-दूसरे से घृणा करने लगे थे।

न्यूटन एक साथ दो समस्याओं से जूझ रहे थे। एक ओर फ्लेमस्टीड से संघर्षरत थे तो दूसरी ओर स्वयं तीव्र मानसिक परेशानी से त्रस्त थे। जब यह खगोलविद् (फ्लैमस्टीड) सिरदर्द की शिकायत करता तो न्यूटन उसे सिर को कसकर बाँधने की सलाह देते। आखिरकार न्यूटन को ज्ञात हो गया कि फ्लेमस्टीड ने लोगों को अपने काम के बारे में बता दिया है, तो उन्होंने कड़े स्वर में विरोध किया। अंततः न्यूटन ने चंद्रमा की गतियों की गणना के लिए एक प्रैक्टिकल फॉर्मूला बना लिया। यह समीकरणों और मापों की हाइब्रिड सीक्वेंस थी, जो सर्वप्रथम सन् 1702 में डॉ. डेनिड ग्रेगरी की महान् पुस्तक 'एस्ट्रोनॉमी एलिमेंटा' में लैटिन में पाँच पृष्ठों में वर्णित थी। ग्रेगरी ने उसे 'न्यूटन की थ्योरी' नाम दिया; परंतु अंत में न्यूटन ने गुरुत्वाकर्षण से संबंधित सारी बातें हटा लीं। हैली ने न्यूटन का टेक्स्ट तुरंत ही अंग्रेजी में एक छोटी पुस्तिका के रूप में प्रकाशित करवा दिया और कहा कि यह हमारे राष्ट्र के लोगों के प्रति एक अच्छी सेवा होगी...क्योंकि डॉ. ग्रेगरी की खगोलीय पुस्तक एक बड़ी और दुर्लभ पुस्तक है तथा हर कोई उसे खरीद भी नहीं सकता।

हैली ने लोगों को प्रेरित किया कि वे न्यूटन की थ्योरी का उपयोग करें; परंतु आइजक न्यूटन की चंद्रमा की थ्योरी पर कम ही लोगों ने ध्यान दिया और वह थ्योरी लोगों द्वारा शीघ्र ही भुला दी गई।

सन् 1696 में न्यूटन ने कैंब्रिज छोड़ दिया, क्योंकि राजकीय उच्च्च पद का सपना अब पूरा हो गया था। हालाँकि पिछले पैंतीस वर्षों से ट्रिनिटी ही न्यूटन का घर था, पर अब उन्होंने उसे छोड़ दिया।

□

एक राजकीय व्यक्ति

सत्रहवीं शताब्दी के पूरे होने तक आइजक न्यूटन की 'प्रिंसिपिया' की तीन सौ से अधिक प्रतियाँ बिक चुकी थीं, जिनमें से अधिकतर इंग्लैंड में थीं। वे ज्यादा पढ़ी तो नहीं जा रही थीं, परंतु दुर्लभता ने उन्हें अधिक महत्त्वपूर्ण बना दिया था। बर्लिन में लिबनिज ने पर्शिया की रानी को बताया कि तत्कालीन उपलब्ध गणितीय ज्ञान में संसार के प्रारब्ध से लेकर केवल प्राचीन इतिहास ही शामिल था। उसके बाद न्यूटन का गणितीय कार्य प्रारंभ होता है, जो पूर्व में उपलब्ध कार्य से निस्संदेह बेहतर था। इंग्लैंड में विज्ञान काफी तरक्की पर था, जिसे देखने के लिए रूस से ट्सार पीटर सन् 1698 में इंग्लैंड आए; जैसे—जहाज निर्माण, ग्रीनविच वैधशाला, इंग्लिश मिंट और आइजक न्यूटन।

रॉयल सोसाइटी की गतिविधियाँ अब धीमी हो गई थीं। उसकी आय कम हो गई थी, सदस्यता कम हो गई थी; हुक अभी भी प्रभावी थे। लंदन में रहते हुए भी न्यूटन अधिकतर लंदन से बाहर ही रहते थे। गणित और गणनाओं ने मानो सारे समाज पर अपना प्रभुत्व जमाया हुआ था और इन सब में न्यूटन के नाम का जादू छाया हुआ था। ऐसा माना जाता था कि नाविक, आर्किटेक्ट और जुआरी लोग तो गणितीय विधियों पर ही आश्रित थे। इंग्लैंड की प्रतिष्ठा को बढ़ाने के लिए गणित एक बड़ा स्तंभ बनता जा रहा था। इसे 'ब्रह्मांड की अकादमी' के नाम से

जाना जाने लगा था। जॉन एरबथनॉट ने अपना एक निबंध प्रकाशित किया, जो गणित सीखने की उपयोगिता पर आधारित था। उनके अनुसार, न्यूटन ने इस संसार की पूरी मशीन का महान् रहस्य जान लिया था। उन्होंने अपने पाठकों को इस बात का भरोसा दिलाया कि यह दुनिया अंक, भार और माप से मिलकर बनी है।

यह बात विलियम पैटी के मत को भी प्रतिध्वनित कर रही थी, जो 'राजनीतिक अंकगणित' के लेखक थे। पैटी ने राज्य और व्यापार के क्षेत्र में अंकों की उपयोगिता सुझाई। 'अर्थशास्त्र' शब्द उस समय तक अस्तित्व में नहीं था; परंतु वे और उनकी तरह सोचनेवाले विद्वान् ऐसी-ऐसी चीजों के लिए गणना कर रहे थे, जो पहले नहीं की गई थीं; उदाहरणार्थ—जनसंख्या, व्यक्ति के जीवित रहने की उम्र तथा राष्ट्रीय आमदनी। एक तकनीकी युग में राजनीतिक अर्थशास्त्र ने आश्चर्यजनक रूप से कमाल कर दिखाया था।

एक निर्णायक तकनीक और आदर्श माप का आदर्श उदाहरण था—सिक्का। पैटी ने पूरे इंग्लैंड में लगभग 6 लाख लोगों के मध्य वितरित होनेवाली मुद्रा की गणना करके उसे 6 लाख पॉउंड बताया और उनकी गणनाओं के अनुसार यह राशि राष्ट्र का व्यापार चलाने के लिए पर्याप्त थी।

हालाँकि शताब्दी के मध्य तक इंग्लैंड में मुद्रा का संकट उत्पन्न हो गया था। सहस्राब्दी तक चाँदी मूल्य की आधारभूत इकाई बनी रही; बाद में सोना भी इस कड़ी में शामिल हो गया। उस समय विभिन्न मुद्राओं का प्रचलन था—ग्रॉट्स, शिलिंग्स, कारदिंग्स, क्राउंस, गिनीयास। सबसे नया सिक्का 'मिनिया' 20 शिलिंग्स के बराबर था; परंतु इसका मूल्य चाँदी के मूल्य में परिवर्तन के साथ परिवर्तनीय था। न जाने कितने अंग्रेजी सिक्के जाली रूप में भी बनाए जा रहे थे। उनमें से अधिकतर भार में और कीमत में हलके थे। इन सब मुश्किलों से बचने के लिए

एक नई मुद्रा 'मांग्रेल' ईजाद की गई। राजा ईगर ने कहा था कि लंदन की तरह केवल एक माप और एक भार ही प्रयोग में लाए जाएँगे और इंग्लैंड की सिक्का प्रणाली को केंद्रीयकृत कर दिया जाएगा। सन् 1690 की शुरुआत में मिंट के गलानेवाले स्थान और प्रेस कमरे, जो कि लंदन टॉवर के पश्चिमी प्राचीर के अंदर स्थित थे, शांत हो चुके थे। जो सिक्के उस समय प्रचलन में थे, वे हथौड़े के प्रहार से धुँधले हो चुके थे। वे आधारहीन तथा अविश्वसनीय हो गए थे और जिन हाथों से गुजरते थे, उनसे भी घिसकर पुराने पड़ चुके थे।

राजा ने मार्गदर्शन के लिए प्रतिष्ठित नागरिकों को बुलाया। लॉक, व्रेन और न्यूटन उनमें प्रमुख थे। व्रेन ने दशमलव प्रणाली सुझाई, जिस पर ध्यान नहीं दिया गया। चार्ल्स मॉण्टेग्यू ने संपूर्ण रिकॉइनेज प्रणाली अपनाई, जिसमें प्रचलन में आ रहे सारे सिक्के वापस ले लिये गए। मॉण्टेग्यू न्यूटन को कैंब्रिज के जमाने से जानते थे, इस आधार पर राजा ने उन्हें अप्रैल 1696 में मिंट का वॉर्डन नियुक्त कर दिया।

न्यूटन एक विशेष वाणिज्यिक परियोजना की भी देखरेख कर रहे थे। चौबीसों घंटे कोयले की भट्ठियाँ जलती रहती थीं। लोगों और घोड़ों की भीड़ मानो एक-दूसरे पर उमड़ी पड़ रही थी, किले की सेना चौकसी कर रही थी। लंदन के टॉवर में यह बड़ा उपद्रवी समय था, दोबारा सिक्के बनाने के प्रोजेक्ट ने दैनिक काम-काज में आर्थिक तंगी उत्पन्न कर दी थी और राष्ट्रीय संपत्ति गरीबों से अमीरों में हस्तांतरित हो रही थी।

इस समय न्यूटन भी आर्थिक रूप से समृद्ध हो रहे थे : पहले वार्डन बनकर और फिर सन् 1700 के बाद मास्टर बनकर। उन्होंने जर्मेन स्ट्रीट में एक मकान ले लिया और उसे कीमती फर्नीचर से सुसज्जित किया, कई नौकर लगाए और अपनी बीस वर्षीया भानजी कैथेरीन बारटन को हाउसकीपर के रूप में रहने के लिए बुला लिया।

वह अपनी सुंदरता और आकर्षण के लिए जल्द ही लंदन में विख्यात हो गई। जॉनेथन स्विफ्ट अकसर घर आते रहते थे और उसके बड़े प्रशंसक थे। पाँच वर्षों में ही कैथेरीन न्यूटन के संरक्षक मॉण्टेग्यू की प्रेमिका बन गई।

परंपरा के अनुसार इंग्लिश मिंट की नियुक्तियाँ आमदनी का आसान साधन होती थीं। मॉण्टेग्यू ने न्यूटन से 5 या 6 हजार पॉउंड प्रतिवर्ष का वादा किया था, जिसमें अधिक उपस्थिति की आवश्यकता नहीं थी। न्यूटन ने अपनी प्रोफेसरशिप को एक सिनेक्योर (पद, जिसमें कम काम का अधिक वेतन मिलता है) की तरह देखने पर आपत्ति नहीं की। उन्होंने स्वयं को कैंब्रिज से निकाल लिया, परंतु वे अंतिम समय तक बड़ी मेहनत से मिंट चलाते रहे। आखिर वे धातुओं को गलाने का काम करनेवालों, परीक्षणकर्ताओं तथा धातुविदों के मास्टर थे, जो इतने बड़े पैमाने पर सोने एवं चाँदी को कई गुना कर रहे थे, जिसके बारे में रसायनविद् केवल सोच ही सकते हैं। वे मॉनेटरी थ्योरी (Monetary Theory) और अंतरराष्ट्रीय मुद्रा के लिए संघर्षरत रहे। जाली नोट बनानेवालों का पीछा करने के लिए न्यूटन ने वर्षों से पाले गए पुरितन क्रोध (Puritan Anger) को बुलावा दिया। नकली सिक्के चलाना एक राजकीय अपराध था। उदाहरण के लिए, जेन हाउसडेन और मैरी पिटमैन इसके दोषी पाए गए थे। वे सिक्के बनानेवाले औजारों के साथ पकड़े गए थे और जाली नोटों का पार्सल थेम्स नदी में फेंककर स्वयं को बचाने की कोशिश कर रहे थे; परंतु वे क्षमा कर दिए गए। न्यूटन सदैव इस प्रकार की माफी के विरोध में रहे।

विलियम केलोनर ने न केवल अपने स्वयं के नकली सिक्के बनाए बल्कि मिंट को नकली मुद्रा बनाने के लिए दोषी ठहराया, ताकि उसका रास्ता साफ हो जाए। पर न्यूटन ने एजेंटों का नेटवर्क बनाकर तथा जेल की सूचना देनेवालों के माध्यम से यह सुनिश्चित कर लिया

था कि अपराधी को फाँसी पर लटका दिया गया है। न्यूटन ने अपराधी की अंतिम प्रार्थना पर कोई ध्यान नहीं दिया।

इस कार्य के लिए राजा ने मिंट के मास्टर को मुद्रा के भार और शुद्धता के लिए जिम्मेदार मानते हुए पकड़वा लिया और उसपर भारी जुरमाना भी लगाया। न्यूटन ने एक अध्यादेश (जिसे उन्होंने आठ बार लिखा और पुनः लिखा था) में लिखा था कि स्वर्ण पारखियों की जूरी सिक्कों की जाँच आग, पानी, स्पर्श, भार से या इन सबसे अथवा इनमें से किसी एक के द्वारा कर सकती थी। तत्पश्चात् एक समारोह में उन्हें जूरी के फैसले के साथ राजा की काउंसिल के सामने पेश किया जाता था। इन सब जाँचों के लिए न्यूटन स्वयं बहुत मेहनत करते थे, सारे परीक्षण वे स्वयं करते थे। इन सब बातों से न्यूटन ने साबित कर दिया था कि वे इंग्लैंड के सिक्कों की प्रामाणिकता को नई ऊँचाइयों पर ले गए। सन् 1702 में ऐनी महारानी के राज्याभिषेक के लिए उन्होंने सोने और चाँदी के पदक बनाए, जिसके भुगतान के लिए उन्होंने राजकोष को अपना बिल भेज दिया था। तीन वर्षों बाद महारानी ने उन्हें 'सर' की उपाधि से सम्मानित किया।

दूसरी ओर, उन्हें लिबनिज की ओर से भविष्य के खतरे का आभास हो रहा था, लिबनिज ने लिखा कि अद्‌भुत मस्तिष्कवाले न्यूटन को मेरा सप्रेम अभिनंदन। इसके साथ ही मैं कहना चाहूँगा कि 'न्यूटन की फ्लक्सिऑन की विधियाँ मेरी लिबनिज की डिफरेंशियल विधियों की तरह ही हैं। इस बारे में मैंने अन्य लोगों को भी सूचित कर दिया।' न्यूटन इस समय सारे ज्ञान के भंडार के प्रबंधक के रूप में देखे जाने लगे थे। एक प्रौढ़ गणितज्ञ जॉन वेलिस ने न्यूटन से आग्रह किया कि पिछले तीस वर्षों से, जो उन्होंने प्रकाश और रंगों के बारे में पूरा विवेचनात्मक लेख छुपा रखा है, उसे सबके सामने लाएँ। प्रकाश व रंगों की हाइपोथीसिस के लिए वे जनता के ऋणी हैं और जल्द ही उन्हें उऋण होना चाहिए।

'आप उसे प्रकाशित क्यों नहीं कराना चाहते और अभी नहीं तो कब करेंगे?' अन्यथा आप उसकी ख्याति से तथा हम सब उसके लाभ से वंचित रह जाएँगे।

मार्च 1703 में हुक की मृत्यु हो गई। उसके बाद न्यूटन को रॉयल सोसाइटी का अध्यक्ष चुना गया। इतने वर्षों से रॉयल सोसाइटी को भी हुक के निकलने और न्यूटन के वापस आने का इंतजार था। इसके पहले के अध्यक्ष स्वैच्छिक तथा राजनीतिक लोग होते थे। अब न्यूटन ने शक्ति पर कब्जा कर लिया और उसका अधिकारपूर्वक प्रयोग किया। एक अध्यक्ष के नाते वे लगभग सभी बैठकों में उपस्थित रहे और वहाँ पढ़े जानेवाले लगभग प्रत्येक शोधपत्र पर अपनी राय भी दी। उन्होंने काउंसिल के सदस्यों के निर्वाचन का नियंत्रण भी अपने हाथ में ले लिया। कुछ अपनी जेब से तथा अन्य साधनों द्वारा न्यूटन ने रॉयल सोसाइटी की गिरती आर्थिक स्थिति को सँभाला और उसमें वृद्धि की।

हुक की मृत्यु के साथ ही उन्होंने अंततः वैलिस की बात मान ली और अपना दूसरा महत्त्वपूर्ण कार्य प्रकाशन के लिए दे दिया। पर इस बार वह लैटिन भाषा में न होकर अंग्रेजी में था। इससे भी महत्त्वपूर्ण यह था कि इस बार यह गणितीय भाषा में न होकर पद्य विधा में था। इस बार उनको संपादक की आवश्यकता नहीं थी। तीस वर्ष पूर्व किए गए कार्य पर उनकी तीन पुस्तकें थीं—जो प्रकाश व रंगों के स्वभाव, परावर्तन की ज्यामिति, अपवर्तन, लेंस किस प्रकार प्रतिबिंब बनाते हैं तथा आँख और टेलीस्कोप की कार्य-प्रणाली पर आधारित थीं। उन्होंने इसमें जिज्ञासाओं द्वारा और भी सामग्री जोड़ी, जैसे—ऊष्मा पर जिज्ञासाएँ, ईथर पर जिज्ञासाएँ, रहस्यमय गुण, जड़त्व आदि। उन्होंने पुस्तक का नाम रखा 'ऑप्टिक्स या रिफ्लेक्शंस, रिफ्रेक्शंस, इनफ्लेक्शंस एवं रंगों पर विवेचनात्मक निबंध'। उन्होंने एक विज्ञापन के साथ इसे रॉयल सोसाइटी के समक्ष प्रस्तुत किया, जिसमें यह वर्णित था कि सन् 1675 से अब तक उन्होंने अपना

कार्य छुपाकर क्यों रखा और उसका उत्तर भी दिया था—'क्योंकि वे विवादों में नहीं पड़ना चाहते थे।'

हुक की मृत्यु के साथ ही मानो न्यूटन की दुनिया भी बदल गई। अनेक विचारक और दार्शनिक, जो सन् 1670 के दशक में न्यूटन के गणित के सिद्धांतों को संदेहास्पद व तिरस्कृत समझते थे, अब आसानी से उन्हीं चीजों को स्वीकार कर रहे थे। अब न्यूटन ने भी अपने प्रयोगों को जीवंतता और अधिक अच्छे ढंग से वर्णित किया, 'प्रिंसिपिया' में लिखी गई शैली से अधिक प्रशंसनीय शैली में लिखा। न्यूटन ने प्रकाशीय आश्चर्यों को इस तरह लाँघकर पार किया, मानो छोटे-छोटे पत्थरों पर पैर रखकर लाँघ रहे हों—परावर्तन की त्रिकोणमिति से लेकर चश्मों और दर्पणों के उपयोग तक, इंद्रधनुष के रंगों से लेकर क्रिस्टल्स के अपवर्तन तक। उन्होंने विद्युत् के रहस्यमय गुण को एक वाष्प या द्रव या ऐसे जैविक बल के रूप में जाना, जो कपड़े या शीशे को उत्तेजित करने से उत्पन्न होता है, वैसे ही जैसा सन् 1675 में कागज के टुकड़ों के साथ प्रयोग करने पर होता था।

पर क्या प्रकाश को तरंग समझा जाए अथवा कणों के रूप में? न्यूटन अभी भी प्रकाश को छोटे-छोटे कणों से मिलकर बना हुआ मानते थे। हुक को दफनाने के साथ ही न्यूटन ने ईथर के विचार को भी दफना दिया; इसके पहले यह समझा जाता था कि हमारे चारों ओर का माध्यम ईथर की तरह द्रव है।

न्यूटन अपने कॉर्पसकुलर सिद्धांत के प्रति समर्पित थे—'चमकती हुई वस्तुओं से बहुत छोटे-छोटे पदार्थ निकलते हैं—यही वास्तव में प्रकाश किरणें हैं। यहाँ ऐसा प्रतीत हो रहा था कि न्यूटन गलत सिद्धांत का अनुसरण कर रहे हैं। अगले दो सौ वर्षों तक शोधकर्ताओं ने प्रकाश को तरंग के रूप में ही माना।'

ऑप्टिक्स अब ब्रह्मांड विज्ञान (Cosmology) तथा पराभौतिकी

(Metaphysics) तक आ पहुँचा था। न्यूटन अब अधिकारपूर्वक उसके बारे में बात कर सकते थे। वे अपना घोषणा-पत्र जारी करते थे। गिरजाघर के ऊँचे चबूतरे से उन्होंने बार-बार यह कहा कि प्रकृति स्थिर है, प्रकृति सरल है और प्रकृति स्वयं के लिए आरामदेह है। जटिलताओं को क्रमबद्ध रूप में व्यवस्थित करने के लिए नियम बनाए जा सकते हैं। ब्रह्मांड एक अनंत शून्य है। द्रव्य अर्थात् पदार्थ अनेक कठोर और अभेद्य परमाणुओं से बना है। ये कण एक-दूसरे को अज्ञात बलों द्वारा आकर्षित करते हैं, इन्हें ज्ञात करना प्रायोगिक दर्शनशास्त्र का काम था।

न्यूटन अपने उत्तराधिकारियों तथा अनुगामियों को प्राकृतिक दर्शनशास्त्र की ओर एक मिशन बनाकर प्रेरित कर रहे थे। उन्होंने उन्हें आगे पढ़ने के लिए एक काम और दे दिया—'विश्लेषण की विधि' द्वारा कठिन चीजों की जाँच करना।

रॉयल सोसाइटी के अध्यक्ष के नाते उन्होंने दो नए क्यूरेटर ऑफ एक्सपेरीमेंट्स नियुक्त किए। कई बार न्यूटन उन्हें 'प्रिंसिपिया' के प्रयोग करके दिखाते थे, जिसमें प्रकाश, ऊष्मा और रसायन से संबंधित प्रयोग उन्हें अतिप्रिय थे।

□

एक और विवाद

'ऑप्टिक्स' शब्द यूरोप में धीमी गति से प्रचलित हो रहा था, फिर सन् 1706 में आए इसके लैटिन संस्करण के बाद यह शब्द तेजी से प्रचलित हो गया। एक बुजुर्ग धार्मिक विद्वान् एवं कार्टेसियन फादर निकोलस मालेब्रांके ने 'ऑप्टिक्स' की समीक्षा में कहा, 'यद्यपि न्यूटन कोई भौतिकशास्त्री नहीं हैं तथापि यह पुस्तक अत्यंत रोचक है।' रॉवेल्स को पराभौतिकी में काफी संभावनाएँ नजर आईं। न्यूटन ने अनंत ब्रह्मांड को ईश्वर का सेंसोरियम कहा, जिसके द्वारा ईश्वर अपनी सर्वव्यापकता तथा सार्वभौमिकता सिद्ध करते हैं। चूँकि ईश्वर सर्वव्यापी है, अत: उन्हें सब बातों का तुरंत और सही-सही ज्ञान हो जाता है। इन बातों का लिबनिज ने मजाक बनाया और बरनौली से कहा कि 'इन बातों पर मुझे बहुत हँसी आई और यदि ईश्वर सर्वव्यापी है तो उसे सेंसोरियम की क्या आवश्यकता है? इस व्यक्ति को (न्यूटन को) मेटाफिजिक्स का बहुत कम ज्ञान है।' ब्रह्मांड और पृथ्वी पर उपस्थित सर्वत्र गुरुत्वाकर्षण नियम भी लिबनिज को रास नहीं आया। उन्होंने कहा कि ये सब घटनाएँ, जिनका कारण गुरुत्व बताया जा रहा था, केवल चमत्कार से ही संभव हैं, अन्यथा असंभव हैं।

अब तक लिबनिज और न्यूटन सीधे टकराव की स्थिति में आ गए थे। लिबनिज न्यूटन से चार वर्ष जूनियर थे, परंतु उन्होंने एक वकील,

कूटनीतिज्ञ, घुमक्कड़ तथा हाउस ऑफ हैनओवर के दरबारी के रूप में न्यूटन से अधिक दुनिया देखी थी। सन् 1670 में दोनों व्यक्तियों ने अपने पहले पत्रों का आदान-प्रदान किया। गणित की कुछ खोजों पर न्यूटन और लिबनिज दोनों ही अपना अधिकार सिद्ध करना चाहते थे; परंतु यह रहस्य जाने बिना कि पहले कार्य किसने किया, सही दावेदार को जानना मुश्किल था।

न्यूटन ने न केवल घोषणा की कि उन्होंने सन् 1666 में ही अपनी खोजें कर ली थीं, बल्कि लिबनिज को विस्तार से समझाई भी थीं। फिर भी जल्द ही 'एक्टा एरुडिटोरियम' में एक गुमनाम पत्र छपा, जो न्यूटन पर कड़ा प्रहार था। उसमें लिखा था कि न्यूटन ने लिबनिज की विधियों का प्रयोग किया है। तकनीकी शब्दों जैसे लिबनिज अंतर (Leibnizian difference) के स्थान पर फ्लक्सिऑन्स (fluxions) का प्रयोग किया गया है। यह प्रहारक कोई और नहीं बल्कि स्वयं लिबनिज थे। इसपर न्यूटन के शिष्यों ने एक अन्य शोध-पत्रिका 'फिलोसॉफिकल ट्रांजेक्शंस' में विरोध प्रकट करते हुए लिखा कि लिबनिज ने न्यूटन के अंकगणित की विधियाँ चुराकर उन्हें दूसरे नामों और दूसरे चिह्नों से अलंकृत करके छपवा दिया है।

इसी प्रकार लिबनिस तथा न्यूटन—दोनों पक्ष आपस में उलझे रहे। यह विवाद न्यूटन के जीवन का सबसे लंबा और आक्रामक विवाद रहा।

सन् 1711 में अध्यक्ष भी इस झगड़े में खुलेआम शामिल हो गए। रॉयल सोसाइटी के पास लिबनिज का क्रोधावेशित पत्र पहुँचा। इसके आधार पर अध्यक्ष ने पुराने पत्रों एवं शोधपत्रों की जाँच के लिए एक समिति का गठन किया। न्यूटन ने अपने तमाम पत्र, जो उन्होंने उस समय कॉलिंस, बैरो आदि वैज्ञानिकों को अपनी खोजों के संबंध में लिखे थे तथा अपने शोधपत्र इस समिति को उपलब्ध कराए। उच्च न्यायालय

के पूर्व निर्णय के बिना ही समिति ने एक प्रलेख जारी किया, जिसमें गणितीय खोज का एक विस्तृत और विश्लेषणात्मक इतिहास प्रस्तुत किया गया था। इस रिपोर्ट ने लिबनिज को विवादास्पद स्थितियों के लिए जिम्मेदार ठहराया। इस रिपोर्ट के अनुसार, न्यूटन की विधियाँ न केवल सबसे पहले न्यूटन द्वारा ही खोजी गईं, अपितु वे अधिक प्राकृतिक, अधिक भव्य, अधिक ज्यामितीय, अधिक उपयोगी तथा सुनिश्चित थीं। इस प्रकार न्यूटन की सत्यता और उनके कार्य को समर्थन मिला तथा रॉयल सोसाइटी ने इसे बड़ी शीघ्रता से छापा। न्यूटन और लिबनिज के मध्य आरोप-प्रत्यारोप के पत्रों का सिलसिला चलता ही रहा, केवल पत्रों के शब्दों में ही थोड़ा हेर-फेर होता था।

बाद में न्यूटन ने इस सत्य को स्वीकारा कि उन्होंने और लिबनिज ने स्वतंत्र रूप से कैलकुलस की रचना की थी। न्यूटन ने लिबनिज से कहीं पहले और कहीं अधिक खोजें कर ली थीं; परंतु लिबनिज ने वह कर दिखाया, जो न्यूटन नहीं कर पाए थे। न्यूटन अपने स्वभावानुसार अपना कार्य पहले प्रकाशित नहीं करवा पाए, जबकि लिबनिज ने अपना कार्य तथा खोजें तुरत-फुरत प्रकाशित कराईं और उन्हें फैसले के लिए जनता के सामने रखा। सत्रहवीं शताब्दी में नवीन गणित एक नई और उपजाऊ जमीन के समान था, जिसमें अनेक लोग अलग-अलग क्षेत्रों में संभावनाएँ तलाश रहे थे।

न्यूटन-लिबनिज विवाद नायकों की मृत्यु के कई वर्षों बाद तक चलता रहा। इस विवाद के चलते नवीन गणित का जन्म हुआ। पर जो भी हो, इस विवाद के फलस्वरूप गणितीय विज्ञान का हस्तांतरण एक व्यक्तिगत मानसिक परेशानी से एक सार्वजनिक उद्यम बन गया। न्यूटन द्वारा खोजे गए असीम ज्ञान का गोपनीय भंडार अब लोगों के लिए खुल गया। दार्शनिकों का रुझान नई विधियों, उनकी समृद्धि तथा उनकी शक्तियों की ओर हो गया।

न्यूटन स्वयं विज्ञान के निरंकुश शासक बन बैठे। उन्होंने रॉयल सोसाइटी से हुक की यादों से जुड़े सारे अवशेष एवं सामान हटवा दिए। वे रॉयल सोसाइटी से हुक का नामोनिशान मिटाना चाहते थे। न्यूटन ने वेधशाला पर अधिकार जमा लिया। फ्लेमस्टीड से उनकी पूरी जिंदगी भर का काम छीन लिया। फ्लेमस्टीड ने इतने वर्षों में तारों का एक संपूर्ण सूचीपत्र तैयार किया था। उन्हें न्यूटन के सामने उपस्थित होने का आदेश मिला। फ्लेमस्टीड के अनुसार, 'मेरे सूचीपत्र हैली ने बिना मेरी अनुमति के छपवा दिए। जब मैंने विरोध प्रकट किया तो वे मुझ पर बरस पड़े और अपशब्दों से मुझे अपमानित किया। मेरी सारी मेहनत चुरा ली गई।'

बीसवीं शताब्दी के सर्वश्रेष्ठ विद्वान् तथा न्यूटन के गणित के रखवाले डी.टी. व्हाइटसाइट ने उपर्युक्त बातों पर केवल अपनी टिप्पणी दी, जो शायद न्यूटन के लिए थी—

'संसार में ऐसे अतुलनीय प्रतिभावान् व्यक्ति विरले ही होते हैं, जो अपने उपलब्धिपूर्ण कार्यों से ऐसी अमिट छाप छोड़ जाते हैं, जो उनकी मृत्यु के बाद भी युगों तक बनी रहती है। टकसाल में राष्ट्रीय मुद्रा की पहरेदारी करना, जाली नोट बनानेवाले लोगों को पकड़ना, अपने व्यक्तिगत भविष्य का आकार (जो पहले से ही काफी बड़ा है) और बढ़ाना, एक राजनीतिक व्यक्ति बनना और यहाँ तक कि अपने साथी वैज्ञानिकों को आदेशित करना : यह सब बेहद खोखली महत्त्वाकांक्षाएँ लगती हैं, विशेषकर तब जब न्यूटन पहले ही 'प्रिंसिपिया' नामक महान् पुस्तक लिख चुके हों।'

ऐसा प्रतीत होता था मानो न्यूटन ईश्वर के मिशन पर निकला हुआ व्यक्ति था, जो प्रकृति के रहस्यों को खोजता था, उसकी रचनाओं का निष्कर्ष निकालता था। न्यूटन ने कभी नहीं चाहा कि वे दार्शनिकों को अपनी ओर करें अथवा कोई स्कूल खोलें। उनके मित्र और शत्रु लगभग बराबर ही थे।

लेकिन लिबनिज ने मृत्युपर्यंत नैतिक विजय की आशा नहीं छोड़ी थी। सन् 1716 में उनकी मृत्यु हो गई। अपने अंतिम समय में वे ड्यूक के लाइब्रेरियन के रूप में हैनोवर में कार्यरत थे।

□

अलविदा

'प्रकृति और प्रकृति के नियम अंधकार तले दबे थे। ईश्वर ने कहा—अब न्यूटन का आविर्भाव हो, जिससे सर्वत्र प्रकाश हो।'

—अलेक्जेंडर पोप

इंग्लैंड और यूरोप में न्यूटन को याद करनेवालों ने अपनी व्यक्तिगत सम्मतियाँ लिखी हैं। उस महान् व्यक्ति की नेत्र-दृष्टि स्पष्ट थी और एक को छोड़कर सारे दाँत मौजूद थे। उनके बाल पूरे-के-पूरे सफेद थे। वे स्वभावत: सज्जन और चुप रहनेवाले एकांतप्रिय व्यक्ति थे। वे कभी भी नहीं हँसे। केवल एक बार हँसे थे, जब उनसे पूछा गया था कि जीवन में यूक्लिड़ पढ़ने का क्या उपयोग है ? तब आइजक न्यूटन बहुत हँसे थे। उनकी मृत्यु गुरदे में पथरी के कारण हुई। घंटों दर्द एवं कष्ट सहने पर उनके माथे से पसीना टपकने लगता था, परंतु वे कभी रोए नहीं और न ही कोई शिकायत की।

इंग्लैंड में न्यूटन की मृत्यु के समाचार ने मानो लेखकों, कवियों को अपनी लेखनी पूरे जोश के साथ चलाने को प्रेरित दिया; क्योंकि न्यूटन प्रकाश के दार्शनिक थे। इलेजिस्टस ने सारे रंगों का श्रेय न्यूटन को दिया, जो उन्होंने अपने प्रिज्म द्वारा खोजे थे। रिचर्ड लॉवेट ने सन् 1733 में 'लेडीज डायरी' में एक कविता भेजी।

न्यूटन एक ऐसे नायक बन चुके थे, जिनके पास शक्ति-प्रदर्शन के लिए तलवारें नहीं बल्कि 'जिज्ञासु सिद्धांत' (Curious Theories) थे। अब ज्ञान और शक्ति के मध्य संबंध स्थापित हो चुका था।

जहाँ लिखित कार्य अपर्याप्त लगता था वहाँ जनता के बीच व्याख्यान दिए जाते थे; स्थान-स्थान पर घूमकर उनका वर्णन किया जाता था। न्यूटन ने जो दावे किए थे, उनका अब सत्यापन करना था, जैसे कि न्यूटन ने गणनाओं के आधार पर धरती को दीर्घवृत्तीय बताया, जो मध्य रेखा पर अधिक चौड़ी है; जबकि इसके विपरीत पूर्व में कार्टेसियन समय में धरती को अंडाकार माना जाता था। विज्ञान की फ्रेंच अकादमी ने इसके प्रायोगिक सत्यापन के लिए उत्तर में लैपलैंड और दक्षिण में पेरू की ओर अपने दल भेजे। इनके पास क्वाड्रेंट्स, टेलीस्कोप तथा लकड़ी के चौबीस डंडे थे। जब दस वर्षों बाद यह दल लौटकर आया तो उसके द्वारा लिये हुए माप न्यूटन के विचारों की पुष्टि करते थे। हैली ने उदाहरणों द्वारा यह समझाया कि न्यूटनवाद पर विश्वास करना क्यों उचित है। वे जनता के बीच बड़ी रोचक भविष्यवाणियाँ किया करते थे। वे गणनाओं द्वारा किसी धूमकेतु का पथ निर्धारित करते थे और अगले 76 वर्षों में उसके लौटने की बात करते थे। सन् 1715 में हैली ने पूर्ण सूर्यग्रहण की भविष्यवाणी के साथ एक बड़ा नक्शा प्रकाशित किया। उसमें दिखाया गया था कि कब और कहाँ चंद्रमा की छाया इंग्लैंड को क्रॉस करेगी। उसमें बताए गए समय पर स्वच्छ आकाश तले कोर्टयार्ड तथा छत पर पूरी राजसभा एकत्रित हो गई। वहाँ उन्होंने देखा, अचानक असमय रात हो गई। सूर्य का कोरोना चमक रहा था, उल्लू आकाश में उड़ने लगे। लोगों ने देखा कि किस प्रकार एक खगोलशास्त्री ने अपने ज्ञान और गणनाओं के आधार पर खगोलीय घटनाओं की सही भविष्यवाणी करके सबको चकित कर दिया तथा खगोलीय घटनाओं के बारे में लोगों के मन से डर भी दूर कर दिया। एक विन्नीस डॉक्टर फ्रेंज मेस्मर ने

'जानवरों में गुरुत्वाकर्षण' की खोज की, जिसे उन्होंने न्यूटन के नियमों पर आधारित 'आरोग्य सिद्धांत' कहा तथा बाद में स्वयं के नाम पर मेस्मेरिज्म कहा।

जल्द ही न्यूटन का नायक चरित्र लोगों के दिलों से उतरने लगा, अब कवि न्यूटन को महिमामंडित नहीं करते थे। हालाँकि अब भी वे न्यूटन को उनकी महानता के लिए प्यार करते थे।

बीच के अनेक वर्षों में कवियों ने उनके सिद्धांतों पर संदेह किया। न्यूटन को उनके प्रशंसकों से अधिक उनके विरोधियों ने चर्चित किया।

न्यूटन ने प्रिज्म द्वारा इंद्रधनुष के गुँथे हुए रंगों को सुलझा दिया। उन्होंने प्रकृति को दार्शनिकता के समीप किया। प्रकृति के सारे रहस्यों को अपने नियमों और रेखाओं द्वारा खोजने का प्रयत्न किया।

न्यूटन का काफी कार्य अप्रकाशित ही रह गया; उनकी मृत्यु के उपरांत किसी ने भी उन ढेर सारे कागजों को पढ़ने की कोशिश नहीं की। पांडुलिपियों में अनेक ड्राफ्टों के टुकड़े, गणनाओं की कतरनें और अनगिनत पठन-सामग्री थी। वह सब कुछ पीढ़ियों तक अंग्रेजी कुलीन परिवारों के व्यक्तिगत भंडारों में बंद रहा।

पूरे सौ वर्ष बीत जाने पर भी किसी ने न्यूटन की जीवनी लिखने का प्रयत्न नहीं किया। फिर सन् 1831 में डेविड ब्रूस्टर ने न्यूटन की प्रतिभा, सादगी, परोपकारिता और सज्जनता का सम्मान किया। ब्रूस्टर ने सेब और गुरुत्वाकर्षण की कहानी सुनी थी। उसके लिए वे वुल्सथॉर्प गए, जहाँ सेब का वह वृक्ष तब भी खड़ा था।

न्यूटन के शिष्यों और अनुयायियों ने उनसे भी अधिक अच्छे और प्रभावी ढंग से न्यूटनवाद को आगे बढ़ाया। सन् 1919 में आइंस्टीन ने न्यूटन के ज्ञान का आदर करते हुए कहा कि समझ के साथ न्यूटन के महान् कार्य को, चाहे मैं या अन्य कोई भी सिद्धांत प्रतिस्थापित कर सकता है, परंतु आधुनिक विज्ञान और प्राकृतिक दार्शनिकता की नींव

न्यूटन के महान् विचारों ने ही रखी है, अत: वे हमेशा सम्माननीय रहेंगे।

बीसवीं शताब्दी के प्रारंभ में न्यूटन के लेख तब दिखने लगे थे जब एक सामान्य सी आयवाले सामंत वर्ग ने उनकी नीलामी की। यूरोप और अटलांटिक तक उन्हें लोगों ने एकत्र किया। न्यूटन के लगभग बीस पोर्ट्रेट्स बनाए गए, परंतु वे सब एक-दूसरे से सर्वथा भिन्न थे।

उन्होंने अंत तक बहुत कुछ गुप्त रखा। उनका स्वास्थ्य गिरता जा रहा था, पर वे लिखते रहते थे। उनकी भानजी के नए पति जॉन कनड्यूइट ने उन्हें उनके अंतिम समय में लगभग अँधेरे में संसार का इतिहास लिखते हुए देखा था—उन्होंने लगभग एक दर्जन लेख लिखे—'The Chronology of Ancient Kingdoms Amended.' उन्होंने राजाओं के राज्यों को तथा नोह Noah की पीढ़ियों को मापा, एरगोनॉट्स की समुद्री यात्रा की, तिथियों को सुनिश्चित करने के लिए खगोलीय गणनाएँ कीं। इन सब आधारों पर उन्होंने बताया कि प्राचीन राज्य कई सौ वर्ष प्राचीन हैं। उन्होंने सोलोमन के मंदिर का विश्लेषण भी उसमें समाहित कर दिया। इसके अतिरिक्त उन्होंने मूर्तिपूजा, राजाओं की देवतुल्यता के विरुद्ध बहुत कुछ कहा। इससे उनकी नास्तिकता पर संदेह और बढ़ गया; पर अंतिम समय में उन्होंने इन सबको दबा दिया।

गठिया के कष्टकारक दर्द के कारण वे अपने चैंबर में आग के सामने कुरसी पर बैठकर धूमकेतुओं के बारे में चर्चा करते। उनके अनुसार, सूर्य को लगातार संपूर्ति चाहिए, जो धूमकेतुओं को यह प्रदान करानी चाहिए। जिस प्रकार आग में लकड़ी के बड़े टुकड़े फेंके जाते हैं उसी प्रकार ये धूमकेतु सूर्य में स्वयं को गिराकर उसे भोजन प्रदान करते हैं। सन् 1680 का धूमकेतु धरती के पास तक आया था, अब वह वापस जाएगा। न्यूटन के अनुसार, पाँच या छह चक्करों के बाद यह धूमकेतु सूर्य में गिर जाएगा। उससे एक तीव्र ज्वाला उत्पन्न होगी, जो धरती और इसपर रहनेवालों को अपनी चपेट में ले लेगी और सबकुछ ज्वाला की

लपटों में समाप्त हो जाएगा। फिर भी न्यूटन ने कहा कि यह मात्र एक अनुमान है, ऐसा होना पूर्णतः सुनिश्चित नहीं है।

न्यूटन ने लिखा—'किसी एक व्यक्ति, यहाँ तक कि एक युग, के द्वारा भी इस प्रकृति के बारे में संपूर्ण रूप से समझा पाना अत्यंत कठिन कार्य है। सबसे अच्छी बात है कि हम थोड़ा करें, पर सुनिश्चितता से ठोस काम करें और बाकी अपने बाद में आनेवालों (अगली पीढ़ियों) के लिए छोड़ दें।' उन्होंने यह शरीर भी ऐसे ही छोड़ दिया था।

अपनी मृत्यु-शय्या पर उन्होंने चर्च का धार्मिक अनुष्ठान करने से मना कर दिया था। उनके दर्द को दो डॉक्टर मिलकर भी कम नहीं कर पाए थे। 19 मार्च, 1727 की प्रातः उनकी मृत्यु हो गई। रॉयल सोसाइटी ने गुरुवार को अपनी जर्नल बुक में लिखा—'सर आइजक न्यूटन की मृत्यु होने से यह पद खाली हो गया है।'

अपने चौरासी वर्षों के जीवन काल में उन्होंने विभिन्न वस्तुओं का अनुपम संग्रह किया—घर का फर्नीचर, जो अधिकतर लाल रंग का था; परदे, कुशन, बिस्तर सभी लाल थे; एक घड़ी, गणितीय उपकरणों का एक पार्सल, रासायनिक काँच और वाइन की कई बोतलें, चाँदी के 39 पदक, लगभग 2,000 पुस्तकों से भरा-पूरा पुस्तकालय, उनकी अनेक गुप्त पांडुलिपियाँ, सोने के सिक्के और छड़ें। इन सबकी कीमत 31,821 पॉउंड आँकी गई, जो एक महत्त्वपूर्ण और बड़ी संपत्ति थी; फिर भी उन्होंने कोई वसीयत नहीं लिखी।

□

जीवन-वृत्तांश

वर्ष	जीवन	समय चक्र
1642	अप्रैल : बड़े आइजक का विवाह हन्नाह एइस्कॉफ के साथ संपन्न। अक्तूबर : बड़े आइजक की मृत्यु (6 अक्तूबर को दफनाया गया)	जी. गैलीलियो की मृत्यु, राजकुमारी मेरी का विवाह विलियम ऑरेंजन के साथ संपन्न। अंग्रेजी सिविलियन युद्ध की शुरुआत (अक्तूबर)।
1643	25 दिसंबर : वुल्सथॉर्प, लिंकोशायर में आइजक न्यूटन का जन्म।	
1645		युद्ध समाप्ति की ओर।
1646	27 जनवरी : हन्नाह न्यूटन ने बारनाब्स स्मिथ से विवाह किया और नन्हे आइजक को उसकी नानी के संरक्षण में छोड़कर नॉर्थ विदम चली गई।	जॉन फ्लेमस्टीड का जन्म।
1653	बारनाब्स स्मिथ की मृत्यु के बाद हन्नाह अपनी दूसरी शादी से उत्पन्न तीन बच्चों के साथ वुल्सथॉर्प वापस।	

वर्ष	जीवन	समय चक्र
1654	वुल्सथॉर्प से 7 मील दूर ग्रांथम में किंग्स स्कूल में न्यूटन का नाम लिखवाया गया। वह शहर के औषधविद् विलियम क्लार्क के साथ रहे। क्लार्क ने ही न्यूटन को रसायन विज्ञान की ओर प्रेरित किया। न्यूटन प्रारंभ में बुद्धू विद्यार्थी थे, पर धीरे-धीरे वे कक्षा में सबसे ऊपर पहुँच गए।	
1658	स्कूल छोड़ दिया। उन्हें पुश्तैनी जमीन-जायदाद का प्रबंधन सिखाया जाने लगा। शायद जान-बूझकर न्यूटन ने इस कार्य में अपनी अयोग्यता प्रकट की। ग्रांथम स्कूल के मास्टर हेनरी स्टोक्स तथा हन्नाह के भाई विलियम ने न्यूटन की माँ को प्रेरित किया कि न्यूटन को वापस ग्रांथम स्कूल भेजें, ताकि यूनिवर्सिटी में दाखिले की तैयारी कराई जा सके।	
1660		चार्ल्स द्वितीय की पुनर्स्थापना, रॉयल सोसाइटी की नींव पड़ी।

वर्ष	जीवन	समय चक्र
1661	26 मई/7 जून को ट्रिनिटी कॉलेज, कैंब्रिज में पहले सब-सिजर के रूप में और बाद में सिजर के रूप में दाखिला (अर्थात् उच्च कुल के विद्यार्थियों के नौकर के रूप में रहकर अपनी फीस आदि जमा करना)।	
1662	कुछ धार्मिक उलझनों में फँस गए, अपराध-बोध से ग्रस्त थे, यथा—अपने माता-पिता को जलाकर मारने और उनपर पूरा घर गिराने की धमकी देना, स्वयं और कुछ अन्य लोगों के लिए मृत्यु की कामना करना आदि।	
1663	जॉन विकिंस, जो कैंब्रिज में नए आए थे, से मित्रता हुई। अगले बीस वर्षों तक वे दोनों रूम-मेट रहे और न्यूटन के सहायक के रूप में कार्यरत रहे।	
1664	आइजक बैरो द्वारा दिए गए गणित के व्याख्यान शायद वे सुनते थे। बैरो उस समय	फेटिओ का जन्म, जो बड़े होकर विव्स गणितज्ञ बने तथा सन् 1689-93 के दौरान न्यूटन के

वर्ष	जीवन	समय चक्र
	नई स्थापित गणित की ल्युकेशियन कुरसी पर विद्यमान थे। विश्व-विद्यालयीन पाठ्यक्रम में आधिकारिक रूप से सन्निहित क्लासिक्स, यूक्लिडियन ज्यामिति और अरस्तू की फिलॉसफी पर ध्यान न देकर गणित और ऑप्टिक्स की व्यक्तिगत रूप से पढ़ाई शुरू करना।	घनिष्ठ मित्र बने रहे।
1665–67	स्नातक की उपाधि। सन् 1665 की गरमियों में वुल्सथॉर्प आगमन, फिर वहीं 1667 तक रहना; क्योंकि कैंब्रिज में उन्होंने कैलकुलस के मूलभूत सिद्धांत प्रतिपादित किए। 1666 के एक शोध-पत्र में डिफरेंशिएशन और इंटिग्रेशन के मूलभूत नियम प्रकाशित। अपवर्तन द्वारा सफेद रंग को अलग-अलग रंगों में बाँटना। अपनी आँख द्वारा प्रकाशीय प्रयोग करके स्वयं को अंधत्व तक	सन् 1665 प्लेग की महामारी। रॉबर्ट हुक के 'माइक्रोग्राफिया' का प्रकाशन।

वर्ष	जीवन	समय चक्र
	पहुँचाना। वुल्सथॉर्प में पेड़ से गिरते हुए सेब को देखना और गुरुत्व पर ध्यान केंद्रित करना। न्यूटन का महसूस करना कि चंद्रमा को उसके कक्ष में बनाए रखने के लिए, जिससे वह धरती का चक्कर लगाता है, बलों की आवश्यकता होती है। वे धरती पर उपस्थित गुरुत्वाकर्षण बल की तरह ही हैं। हालाँकि न्यूटन का सर्वत्र गुरुत्वाकर्षण का नियम अगले बीस वर्षों तक पूर्ण रूप से खोजा नहीं गया।	
1667	22 सितंबर/2 अक्तूबर—ट्रिनिटी कॉलेज के फेलो चुने गए। इसके लिए इंग्लैंड के चर्च के उनतालीस (39) नियमों का समर्थन करना आवश्यक था। पवित्रता की शपथ लेना अनिवार्य था तथा परास्नातक की उपाधि प्राप्त करने के अगले सात वर्षों के अंदर पवित्र आदेशों का अनुसरण करना था।	

वर्ष	जीवन	समय चक्र
1668	परास्नातक की उपाधि प्राप्त हुई।	
1668–69	अपने और विकिंस के कमरे में एक प्रायोगिक उपकरण लगाना। रासायनिक प्रयोगों के लिए दो नई भट्ठियाँ लगाना तथा सबसे पहले कार्य करनेवाले टेलीस्कोप का निर्माण।	
1669	कैलकुलस की दिशा में और नया कदम, 'इनफाइनाइट सीरीज द्वारा विश्लेषण'; ल्यूकेशियन प्रोफेसरशिप से बैरो का त्याग-पत्र तथा उनका न्यूटन को बैरो के स्थान पर नियुक्त करने की सिफारिश करना। बैरो तथा प्रकाशक जॉन कॉलिंस (जो गणितज्ञ भी थे) द्वारा न्यूटन से कैलकुलस के प्रकाशन का आग्रह, परंतु न्यूटन का इनकार।	
1670	ल्यूकेशियन प्रोफेसर के रूप में व्याख्यान देना प्रारंभ करना, हालाँकि बहुत कम छात्रों द्वारा सुना गया। शुद्ध गणित के स्थान पर ज्यामितीय	

वर्ष	जीवन	समय चक्र
	ऑप्टिक्स ने यह विचार व्यक्त किया कि प्रकाश व रंगों का विज्ञान वास्तव में संपूर्ण प्राकृतिक दर्शनशास्त्र, गणित के सिद्धांतों पर आधारित है।	
1671	बैरो का न्यूटन से आग्रह कि वे अपने द्वारा निर्मित टेलीस्कोप को रॉयल सोसाइटी में दिखाएँ, जहाँ उसने तहलका मचा दिया। 'श्रृंखलाओं एवं फ्लक्सिऑन्स की विधियाँ' कैलकुलस में एक और कड़ी न्यूटन ने लिखी, हालाँकि यह सन् 1736 तक प्रकाशित नहीं हो पाई।	
1672	रॉयल सोसाइटी का फेलो चुना जाना (जनवरी) 'फिलोसॉफिकल ट्रांसे-क्शंस' नामक शोध-पत्रिका में न्यूटन की प्रकाश की थ्योरी का प्रकाशन। उसके लिए विभिन्न कोनों से प्रतिक्रियाएँ, विशेषकर रॉयल सोसाइटी के क्यूरेटर रॉबर्ट	तृतीय एंग्लो-डच युद्ध का प्रारंभ

वर्ष	जीवन	समय चक्र
	हुक द्वारा न्यूटन पर अनेक आरोप-प्रत्यारोप, न्यूटन का किसी भी वैज्ञानिक कार्य अथवा प्रकाशन में शामिल होने से इनकार, हुक के मृत्युपर्यंत (1703) यह विवाद चलता रहा।	
1673	न्यूटन को वापस वैज्ञानिक शोध-कार्यों में जुटने के लिए अनेक आग्रह। न्यूटन का वापस अपने रासायनिक प्रयोगों में चुपचाप लगे रहना। विभिन्न भाषाओं में उपलब्ध 'बाइबल' का अध्ययन, ईसाई धर्म का इतिहास आदि के अध्ययन से यह स्पष्ट होना कि ट्रिनिटी कॉलेज की डॉक्टरिन अपने पुराने स्वरूप से हट चुकी है।	लिबनिज का रॉयल सोसाइटी का फेलो चुना जाना।
1674		तृतीय एंग्लो-डच युद्ध की समाप्ति।
1675	वसंत में लंदन जाना और राज्य के सचिव से अनुमति माँगना कि उन्हें पवित्र आदेश (कैंब्रिज) मानने की	ग्रीनविच वेधशाला की स्थापना तथा फ्लेमस्टीड पहले राजकीय खगोलशास्त्री नियुक्त।

वर्ष	जीवन	समय चक्र
	बाध्यता से मुक्त किया जाए, जो अन्यथा सात वर्षों तक मानने होते। केवल न्यूटन के लिए नियमों को उदार बनाकर उन्हें इससे मुक्त किया गया। न्यूटन ने प्रकाश एवं रंगों के बारे में रॉयल सोसाइटी को एक 'हाइपोथीसिस' भेजी। हुक से पत्राचार के बाद उनसे संबंध और अधिक कटु हो गए; क्योंकि हुक का मानना था कि न्यूटन अपनी हाइपोथीसिस में जिन सिद्धांतों का श्रेय स्वयं को दे रहे हैं, वे वास्तव में हुक की 'माइक्रोग्राफिया' से लिये गए थे।	
1676	अक्तूबर में लिबनिज लंदन आए। न्यूटन को बिना बताए कॉलिंस ने न्यूटन की 'एनेलिसिस' की प्रति लिबनिज को दिखाई। हालाँकि लिबनिज ने स्वतंत्र रूप से कैलकुलस के सिद्धांत प्रतिपादित किए थे, फिर भी	

वर्ष	जीवन	समय चक्र
	उन्होंने बाद में स्वीकार किया कि उन्होंने न्यूटन से बहुत कुछ सीखा।	
1677		आइजक बैरो की मृत्यु।
1678		'इंटेलेक्चुअल सिस्टम ऑफ द यूनीवर्स' का प्रकाशन।
1679	अपनी बीमार माँ की सेवा के लिए वुल्सथॉर्प लौटना (माँ की जून में मृत्यु), वर्ष भर प्राय: अपने पारिवारिक मामलों के लिए वुल्सथॉर्प में रहे।	न्यूटन की भानजी कैथरीन की मृत्यु।
1679-80	गिरते हुए पिंडों के पथ के बारे में हुक से हुए पत्राचार ने न्यूटन को जड़त्व तथा अभिकेंद्र बल के बारे में नए विचार दिए।	
1681	नवंबर एवं दिसंबर 1680 में आए धूमकेतुओं के बारे में फ्लेमस्टीड से विचार-विमर्श (पत्रों द्वारा)।	
1683	विकिंस का अपनी फेलोशिप से त्याग-पत्र देकर कैंब्रिज छोड़ना (शायद विवाह के लिए, जो कि कैंब्रिज में फेलो रहकर संभव नहीं था।)	लिबनिज का कैलकुलस के बारे में एक प्रकाशन ऐक्टा एरुडिटोरम में।

वर्ष	जीवन	समय चक्र
1684	अगस्त में हैली का न्यूटन के पास आना और खगोलीय विषयों पर विचार-विमर्श करना, विशेषकर गुरुत्वाकर्षण के बारे में। दोनों के मध्य प्रगाढ़ता स्थापित होना तथा बाद में हैली न्यूटन के बड़े प्रशंसक तथा अनुयायी बन गए।	
1685		रोमन कैथोलिक जेम्स द्वितीय का राज्याभिषेक।
1686	सर्वत्र गुरुत्वाकर्षण का सिद्धांत। पूर्ण रूप से निर्मित—ब्रह्मांड में स्थित सभी वस्तुएँ एक-दूसरे पर बल आरोपित करती हैं।	
1687	एक बेनेडिक्टिक संन्यासी एल्बन फ्रांसिस को बिना परीक्षाओं तथा बिना चर्च की शपथ लिये परास्नातक की डिग्री प्रदान किए जाने के राजा के आदेश के कड़े विरोधी बने। इस विवाद के फलस्वरूप विश्वविद्यालय के कुलपति को पदच्युत किया गया; फिर भी उस	एच. मोरे की मृत्यु।

वर्ष	जीवन	समय चक्र
	बेनेडिक्टिन को उपाधि नहीं मिल पाई। जुलाई में हैली के आग्रह पर तथा हैली के खर्चे पर ही न्यूटन द्वारा रचित ग्रंथ 'प्रिंसिपिया' का प्रकाशन, जिसमें गुरुत्वाकर्षण, मेकैनिक तथा द्रवों से संबंधित सिद्धांत थे।	
1689	कैंब्रिज विश्वविद्यालय से एम.पी. चुना जाना। इंग्लैंड के बौद्धिक समाज में सितारे की तरह चमकना। स्विस गणितज्ञ फेटिओ तथा अन्य दार्शनिक लॉक के साथ मित्रता। फेटिओ के साथ न्यूटन की मित्रता वास्तविक मित्रता थी।	विलियम द्वितीय तथा मेरी तृतीय का राज्याभिषेक। 'द कैंब्री केस' का प्रकाशन।
1690	लॉक को दो लंबे पत्र लिखना, जिसमें उन्होंने स्वयं के विचारों का खुलासा किया। जो ट्रिनिटेरियन के विरुद्ध 'प्रिंसिपिया' के संशोधित संस्करण की तैयारी कर रहे थे। न्यूटन ने कहा कि उनकी सारी खोजें	बॉयल (वैज्ञानिक) के प्रकाशन।

वर्ष	जीवन	समय चक्र
	प्राचीन बुद्धिमत्ता की पुनः खोजें ही हैं।	
1692-93	एक गणितज्ञ रिचर्ड बेंटले के साथ प्राकृतिक दर्शनशास्त्र के महत्त्व पर पत्राचार द्वारा विचार-विमर्श, जिसमें न्यूटन ने उसे ईश्वर का ठोस सबूत कहा है। लॉक के साथ पत्र-व्यवहार। बॉयल की पांडुलिपि की वैधता की जाँच करनेवाली टीम में लॉक थे; इस दौरान कागजों में उन्हें रसायन विद्या से संबंधित दो नुस्खे मिले, जिन्हें न्यूटन को भेज दिया गया।	
1693	नर्वस ब्रेकडाउन के शिकार (जुलाई/अगस्त), लॉक को दोषारोपित करते हुए रोषपूर्ण पत्र लिखना और एक माह बाद अपनी गलती स्वीकारते हुए माफीनामा भेजना। इसके बाद फेटिओ से न्यूटन के संबंध अचानक समाप्त होना (जिसके कारण ज्ञात नहीं हैं)।	

वर्ष	जीवन	समय चक्र
1694	फ्लेमस्टीड पर दबाव डाला कि वह उन्हें चंद्रमा की गतियों पर एकत्रित डाटा प्रदान करें।	मेरी द्वितीय की मृत्यु से विलियम तृतीय अकेले शासनकर्ता रहे।
1696	मार्च में रॉयल मिंट का वार्डन नियुक्त किया जाना, जो आज की तारीख में लंदन टॉवर में स्थित है। अप्रैल में लंदन में बसने के लिए कैंब्रिज छोड़ना। हालाँकि यह दायित्वहीन पद था, परंतु न्यूटन ने अपनी सेवाएँ पूर्ण निष्ठा और ईमानदारी से अर्पित कीं तथा संस्थागत भ्रष्टाचार एवं अकुशलता को दूर करने के लिए ठोस प्रयास किए।	सन् 1698 में चाँदी के सिक्के ढाले गए।
1699	फेटिओ ने न्यूटन की कैलकुलस की महानता सिद्ध करते हुए तथा लिबनिज को न्यूटन के विचार चुरानेवाला बताते हुए एक पत्र प्रकाशित किया।	
1700	न्यूटन की प्रार्थना पर उन्हें मिंट के वार्डन से पदोन्नत कर मिंट का मास्टर नियुक्त	

वर्ष	जीवन	समय चक्र
	किया गया। यह उनके जन्मदिन पर एक उपहार था। यह पद कम महत्त्वपूर्ण, पर अधिक प्रभाव और अर्थ-समृद्धि देनेवाला था। लिबनिज ने फेटिओ द्वारा उनपर लगाए चोरी के आरोप का उत्तर 'ऐक्टा एसडिटोरियम' में देते हैं। अब लिबनिज-न्यूटन विवाद अधिक कड़वे रूप में गहराता जा रहा था और यह लिबनिज की मृत्युपर्यंत चलता रहा।	
1701	कैंब्रिज के एम.पी. के रूप में दोबारा चयन। ल्यूकेशियन प्रोफेसर के पद से आधिकारिक तौर पर त्यागपत्र।	युद्ध प्रारंभ, जिसकी परिणति, ब्रिटिश सिंहासन से रोमन कैथोलिकों की समाप्ति पर हुई।
1702	महारानी ऐनी के राज्याभिषेक के लिए मेडल तैयार करना।	ऐनी का राज्याभिषेक।
1703	रॉयल सोसाइटी का अध्यक्ष चुना जाना। इस पद पर वे प्रतिवर्ष होनेवाले चुनावों में चुने जाते। अध्यक्ष के रूप में वे मृत्युपर्यंत रहे।	रॉबर्ट हुक की मृत्यु।

वर्ष	जीवन	समय चक्र
1704	उनकी दूसरी महान् कृति 'ऑप्टिक्स' का प्रकाशन, जिसमें अपवर्तन के सिद्धांत थे तथा प्रकाश की कॉर्पसकुलर थ्योरी वर्णित थी।	
1705	'सर' की उपाधि प्राप्त।	
1706	'ऑप्टिक्स' के लैटिन संस्करण का प्रकाशन।	
1707	फेटिओ एवं अन्य फ्रेंच प्रोफेट्स का लंदन में सम्मेलन।	इंग्लैंड तथा स्कॉटलैंड का एकीकरण; स्कॉटलैंड में सिल्वर रिकॉइनेज; एडिनबर्ग मिंट का पुनर्निर्माण।
1712	लिबनिज की प्रार्थना पर कैलकुलस विवाद के हल के लिए रॉयल सोसाइटी ने एक समिति का गठन किया। इस समिति की रिपोर्ट ने न्यूटन को सही दावेदार सिद्ध किया तथा लिबनिज को साहित्यिक चोरी के लिए जिम्मेदार ठहराया।	
1713	सन् 1712 की कैलकुलस रिपोर्ट का प्रकाशन।	

वर्ष	जीवन	समय चक्र
	'प्रिंसिपिया' के द्वितीय संस्करण का प्रकाशन, जिसमें न्यूटन ने ईश्वर तथा उसकी कृति में गहरा रिश्ता बताया।	
1714		जॉर्ज प्रथम का सिंहासन पर बैठना।
1715	अपना सारा समय 'फिलोसॉफिकल ट्रांजेक्शंस' के एक अंक पर व्यतीत करते थे, जिसमें कैलकुलस विवाद के बारे में उनके स्वयं के विचार थे।	हैली द्वारा प्रकाशित फ्लेमस्टीड के तारों की सूची की जितनी अधिक प्रतियाँ उपलब्ध हो सकती थीं, लेकर फ्लेमस्टीड ने जला दीं। (क्योंकि उनका कार्य छीना गया था।)
1716	वेल्स की राजकुमारी के आग्रह पर उन्होंने प्राचीन क्रोनोलॉजी पर अपने सिद्धांतों का सारांश तैयार किया।	लिबनिज की मृत्यु।
1717	कैथरीन बारटॉन का जॉन कनड्यूट से विवाह।	
1718	'ऑप्टिक्स' का अंग्रेजी में द्वितीय संस्करण प्रकाशित।	
1719	'ऑप्टिक्स' का लैटिन में द्वितीय संस्करण प्रकाशित।	फ्लेमस्टीड का देहांत।
1720		फ्लेमस्टीड के स्थान पर हॉल नए राजकीय खगोलशास्त्री नियुक्त।

वर्ष	जीवन	समय चक्र
1721	'ऑप्टिक्स' का अंग्रेजी में तृतीय संस्करण प्रकाशित।	
1722	गुरदे में पथरी से पीड़ित रहने लगे और अपने कार्य दूसरों पर छोड़ने को मजबूर हो गए।	
1726	'प्रिंसिपिया' का तृतीय संस्करण प्रकाशित।	
1727	रॉयल सोसाइटी की बैठकों की अंतिम अध्यक्षता, उसके तुरंत बाद गुरदे में पथरी से पीड़ित होकर मृत्यु-शय्या पर पहुँचे। मृत्यु-पूर्व चर्च के अंतिम धार्मिक अनुष्ठान आदि कराने से इनकार। मार्च में मृत्यु।	

□

संदर्भ ग्रंथ

1. 'आइजक न्यूटन' द्वारा जेम्स ग्लीक, हारपर पेरीनियल प्रकाशन, 2004
2. 'द न्यूटन प्रोजेक्ट', विलियम स्टूकेले द्वारा न्यूटन की यादें, 2004
3. 'सर आइजक न्यूटन', डॉ. रॉबर्ट ए. हैच—फ्लोरिडा यूनिवर्सिटी
4. 'द साइंटिस्ट्स : सर आइजक न्यूटन'
5. 'द न्यूटन प्रोजेक्ट', इंपीरियल कॉलेज, लंदन, i.newton@ic.ac.uk

□□□